딸에게 들려주는 한국사 인물전 2

딸에게
들려주는
한국사
인물전
2

김형민 지음

큰 역사를 일궈낸 '작은 거인'들

푸른역사

책을 내며

십수 년 전 청계천의 후미진 사무실 안의 경매(?)를 취재한 적이 있다. 어느 만화 수집가를 따라나선 자리였다. 과거의 잡다한 물건들이 경매 아이템으로 등장하는데 만화 수집가가 애타게 찾는 5~60년대 만화도 아주 드물게 출현한다고 했다. 그런데 경매 도중 특이한 아이템이 하나 나왔다. 1950년대의 어느 해, 부산 모 고등학교의 학생수첩이었다. 경매 사회자가 덧붙였다. "학생증도 있고, 꽤 많은 게 기록돼 있습니다." 그 학생수첩은 20만원이 넘는 고가(?)에 낙찰됐고 낙찰자에게 양해를 구하고 내용을 들여다보았을 때 나는 홀연 1950년대의 부산으로 시간 이동을 하는 듯한 느낌에 휩싸였다.

학생수첩은 흡사 일기장처럼 많은 메모로 가득했다. 미래에 대한 고민, 장래 희망, 그리고 어설픈 나라 걱정과 더불어 마음에 둔 여고생에 대한 애타는 마음, 피난민들이 넘쳐나던 부산에서 마주치는 이북 사투리의 신기함, 무슨 이유에선지 연세대학교를 간절히 지망했던 학생의 당시 신촌

스케치까지. 한 사람의 짤막한 메모들이 모이니 그 개인과 시대가 어우러지는 작은 역사가 펼쳐지는 게 아닌가.

비슷한 경험은 또 있다. 얼마 전 들렀던 어느 박물관에서 흥미로운 전시를 목격했을 때였다. 전시 컨셉은 어느 꼼꼼한 사람의 일생을 그와 관련된 공식 서류를 통해 톺아 본 것이었다. 즉 출생증명서부터 입학통지서, 성적표, 졸업장, 병역수첩, 제대증, 입사확인서, 월급봉투, 각종 상장 등등에다가 퇴직금 수령증에 사망진단서까지.

단정하게 전시된 한 개인의 낡은 서류들의 행렬 앞에서 나는 한참을 떠나지 못했다. 나 역시 대부분의 서류를 수령했겠지만 세월 속에 어디로 증발했는지 알 수도 없고, 관심도 두지 않았다. 헌데 별 의미 없어 보이는 서류들을 모아 열 맞춰 늘어세우니 단순한 개인의 일생이 아니라 그가 살았던 시대가 보이고, 제도가 드러나고, 사연이 얽혀 역사의 가느다란 지층의 줄무늬가 그려지는 게 아닌가.

결국 역사는 곧 개인사의 총합일 것이다. 특별하든 그렇지 않든, 위대하든 평범하든, 유명하든 무명소졸이든 그 모두의 경험과 선택과 결단이 합쳐지고 겹쳐지고 뒤섞여 이뤄내는 파노라마가 곧 역사라는 뜻이겠다. 돌을 깨 석기를 만들고 동굴 속에서 불 피우고 살던 시절의 인류나 5G시대를 구가하는 21세기의 사람들이나 그 지식과 기술의 범위는 다를지언정 느끼는 감정과 욕망, 그 시대의 한계 안에서 발버둥치며 살아야 했던 삶의 애환들은 과연 얼마나 큰 차이가 있을까. 그래서 역사는 '사람들의 이야기'에서 벗어나지 못한다.

주간지《시사인》에 '딸에게 들려주는 역사 이야기' 연재를 시작한 것이 2015년 1월이니 만 4년을 넘겼다. 당시 중학교 2학년에 올라간 딸은 지금 고3 수험생으로 이 땅의 청소년들이 으레 치르는 지옥도에 들어서 있다. 한국사나 세계사 시험을 볼 때마다 머리를 싸매며 무슨 조약이며 전쟁이며 법이며 사건이며 꼬부랑 이름과 한자 이름을 외워대느라 정신이 없는 딸에게 전하고픈 말이 있었다. 시험을 보고 평가를 받아야 하니 잡다한 지식들을 머릿속에 집어넣고자 애쓰는 일을 마다할 수는 없겠으나 그것만이 역사는 아니라고, 역사는 그렇게 달달 외우는 것이 아니라고, 역사는 교과서 안의 근사한 박제가 아니라 우리 가족과 주변 사람들처럼 평범한 사람들의 물방울이 합쳐져 오늘로 흐르는 대하大河 같은 존재라고 이야기하고 싶었다.

과거의 사건을 빗대 오늘의 일에 빗대던 '딸에게 들려주는 역사 이야기'의 컨셉을 역사 속에서 저마다의 존재감을 다양한 방식으로 드러냈던 '사람들'의 이야기로 바꿨던 것은 그 때문이다. 위대하고 유명한 사람들의 이야기도 물론 등장하지만 최선을 다한 노력으로 역사를 바꾼 사람들, 도도한 역사의 흐름 속에서 가끔 반짝이는 물방울로 튀어나왔던 특이한 개인사個人史들, "그때 이런 사람도 있었단다" 하며 도란도란 얘기 나누고픈 사람들의 사연들을 나누고 싶었던 것이다.

그로부터 또 2년의 시간이 흘러 그간 딸에게 들려주는 사람들의 이야기, '딸에게 들려주는 한국사 인물전'을 묶어 내놓게 됐다. 이 책에 등장하는 '한국사 인물'들, 즉 목숨을 돌보지 않고 불붙은 다이너마이트 열차를 향해 달려갔던 철도원들을 비롯한 그늘 속 영웅들, 우리 한반도의 허리를 가른 쇠사슬의 자물쇠라 할 판문점의 역사 속에서 유난히 도드라졌던 사람들의 사연, 강제로 이식된 근대화의 상징이라 할 철도를 타고 흘렀던 사람들의 희로애락, 잔인했던 전쟁과 부패했던 군부의 흑역사 속에서도 시들지 않는 별빛으로 빛났던 군인들의 뒤안길 등은 마땅히 기억해야 할 역사일 것이다. 부디 기억해주시기 바란다.

더하여 좀 외람된 소회일 수는 있겠으나 이 책 역시 하나의 작은 역사가 될 수 있다고 여긴다. 20세기 후반과 21세기 초·중반에 걸쳐 살아간 한 한국의 아버지가 당시의 시류와 자신의 기준에 맞춰 딸에게 들려주고 픈 역사 속 한국인들의 이야기를 뽑고, 그를 매주 풀어내고 다음은 어떤 이야기가 유익할까 고민하던 시간과 노력의 산물이 아닌가. 물론 그 의미와 성과의 크고 작음 또한 독자들과 더불어 '역사'가 판단할 일이겠지만 말이다.

이 조촐한 '역사 만들기'를 도와주신 모든 분들께 머리 숙여 사의를 표한다. 햇수로 5년째 부족한 필자를 자르지 않고 지면을 제공해 준 《시사인》 식구들, 고제규 편집장 이하 담당자들께 진심으로 고마웠다는 말씀을 전한다. 당연히 원고를 세심히 살피고 야무지게 묶어 훌륭한 책으로 내준 도서출판 푸른역사에도 감사드린다. 그리고 상투적인 절차로 보일 수는 있겠으나 사랑하는 가족에 대한 인사를 어찌 생략하겠는가.

부족한 남편을 항상 채워주고 뒷받침해주는 아내, 그리고 이 역사 편지의 수신인으로서 오늘도 도서관에서 책과 씨름하고 있는 딸, 나라의 부름을 받아 군복을 입은, '대한민국을 지키는 가장 높은 힘' 공군 일병 아들, 그리고 어릴 적부터 곳곳을 돌아다니면서 역사에 대한 관심과 재미를 일깨워주셨던 부모님께 고개 숙여 인사를 전한다. 모두 건강하시고 오래오래 함께할 수 있기를. 또 이토록 감사한 분들과 함께 나의 '작은 역사'가 계속 이어지기를 희망해 본다.

2019년 5월 김형민 씀

8부

집념의
한국인

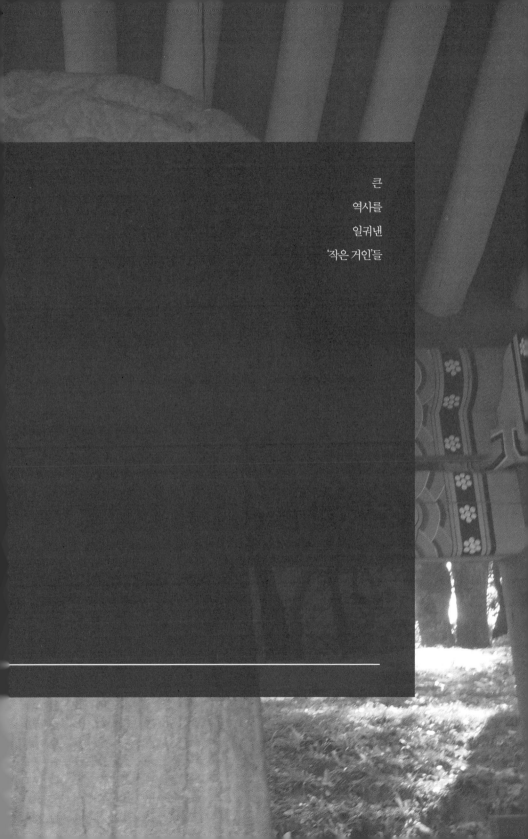

큰
역사를
일궈낸
'작은 거인'들

01

전쟁사를 바꾼 최무선의 과학정신

고려 말, 최무선은 왜구의 침략을 무찌르기 위해
화약에 대한 집념을 불태웠다. 중국 상인을 찾아다니며
제조법을 물은 끝에 화포·화통 등을 만들어 왜선 수백 척을 쳐부수었다.
바다에서 거둔 고려 최초의 승리였다.

인류 역사의 분기점에는 언제나 '하이테크'가 자리 잡고 있어. 돌도끼를
들고 "우가 우가" 하던 사람들 눈에 별안간 빛나는 청동검을 휘두르는 이
들이 어떻게 보였을지 생각해보렴. 질그릇이나 나무 그릇만 알던 사람들
에게 우아한 색깔의 도자기를 폼나게 사용하는 이들이 어떻게 비쳐졌을
까도 상상해보고 말이다.

　중국은 세계사적인 하이테크를 여럿 보유했던 나라야. 2008년 베이징

올림픽에서 개막식 연출을 맡았던 장이머우 감독은 중국의 4대 발명품, 즉 종이·나침반·인쇄술·화약을 개막식 공연 주제로 삼아 화제가 된 바 있단다. 이 발명품들이 세계 역사를 어떻게 바꾸었는지 말하자면 그야말로 1,000일의 밤이 필요할 것 같아 자세한 설명은 생략한다. 특히 외국 사람들이 관심을 기울인 발명품은 화약이었어. 중국에서 화약 무기 사용법을 배운 몽골인들이 서방 원정에서 써먹은 이래 화약 무기는 세계적 하이테크로 각광받게 되지.

고려 말, 가장 큰 골칫거리는 왜구倭寇였어. 이들은 단순한 도둑떼가 아니었거든. 고려의 조운선, 즉 세곡 나르는 배를 습격하고 교통로를 장악하여 수도 개경의 신하들 월급을 못 주는 파국을 만들기도 했고, 남해안 일대는 물론이고 평안북도나 함흥 등 북부 해안 지역까지 휩쓸고 심지어는 아예 내륙으로 들어와 설치고 다니는 준군사 집단이었어. 최영·이성계 등 몇몇 용장이 분투했지만 승전보다는 패전 소식이 훨씬 더 많았고, 특히 수군水軍은 참혹할 지경이었어. 더 많은 함선을 가지고도 왜구들에게 탈탈 털리는 일이 수시로 일어났으니까.

고려 말, 최무선은 화약과 화약을 이용한
무기를 최초로 만들었다.

고려 조정은 왜구를 무찌르기 위한 최선의 방안으로 화약을 생각해낸다. 고려는 새로이 대륙의 주인이 된 명나라에 사신을 보내 화약을 좀 달라고 간청하게 돼. 이에 대한 명나라 태조 주원장의 반응을 들어보자. "고려에서 화약을 요청해왔다니 좋은 일이다. 고려 왕에게 편지를 보내라. 고려에서 초硝 50만 근을 수집해 모으고 유황 10만 근을 구해서 가져오라고. 그러면 우리가 그 재료들로 화약을 만들어 고려로 보내줄 것이다." 훗날 조선시대에도 유황은 수입에 의지했으니 고려에 유황 10만 근이 있을 리 없었어. 즉, 주원장은 약을 올린 거야. 요즘 식으로 하자면 나일론 옷 좀 원조해달라고 하니 "석유를 보내주면 그걸로 만들어 보내주겠다"라고 한 셈이야.

이 어이없는 상황 속에서 화약에 대한 집념을 불태운 사람이 있었다. 너도 그 이름을 익히 아는 최무선이야. 《조선왕조실록》에 실린 최무선의 기록을 보면 그는 젊어서 항상 이렇게 되뇌었다고 해. "왜구를 물리치는 데에는 화약만 한 것이 없는데 우리나라에는 아는 사람이 없다." 최무선의 아버지는 국가의 창고인 광흥창의 관리를 지낸 바 있어. 남쪽 지방의 세곡이 왜구에 의해 끊겼을 때 심각한 위기 상황을 체감할 수 있었다는 얘기지. 화약의 필요성을 절감한 사람들은 많았어. 그러니 명나라에 화약과 무기 좀 주십사 빌기도 했겠지. 그러나 화약을 만들어보겠다고 나선 건 최무선뿐이었어.

일단 최무선은 외국어에 능통했던 것 같아. 《조선왕조실록》에는 최무선이 중국에까지 들어가 화포를 연구해왔다는 기록이 나오고 다른 기록에는 "중국 강남江南에서 오는 상인이 있으면 곧 만나보고 화약 만드는 법을 물었다"라고 나와 있으니까 그의 열정과 능력을 짐작할 수 있을 거야. 누구든 화약에 관해 아는 체를 하면 즉시 자기 집으로 데리고 가서 먹이고 입히며 수십 일을 보냈다고 해. 나랏돈으로? 아니, 자기 재물로.

돈 들이고 노력 쏟고 죽을 고비 넘기며

최무선의 핵심 관심사는 염초였어. 화약의 재료인 목탄과 유황은 어떻게든 구할 수 있었지만 그 주재료라 할 염초, 즉 질산칼륨을 만드는 법과 배합 비율은 도무지 풀 수 없는 수수께끼였거든. 염초 제조법을 안다는 이원이라는 중국인 상인이 벽란도(고려 수도 개경 근처 무역항)에 왔다는 소문이 들리자 그는 곧장 이원을 만나 끈질기게 그를 잡고 늘어진다. 염초 제조법은 국가적 비밀로 관리했고 그걸 외국인에게 가르쳐주는 건 그 나라의 법을 어기는 것이었지. 그러나 이원은 최무선에게 지고 말았어.

아마도 최무선은 실록에 실렸던 말을 반복하지 않았을까? "왜구들이 저렇게 극성인데 막을 방법은 화약밖에 없고 고려에는 이를 아는 사람이 없습니다, 대인." 이원은 물었겠지. "고려 조정에서 이 일을 하라고 시켰소?" 아마 거기서 최무선은 더듬거렸을 거야. "그…… 그건 아니오." 이원은 최무선을 요모조모 뜯어보지 않았을까? 대체 이 사람은 무엇 때문에 이럴까 하고.

마침내 최무선은 화약을 만들어내지만 벽은 또 있었어. "대강 요령을 얻은 뒤, 도당都堂에 말하여 시험해보자고 하였으나, 모두 믿지 않고 무선을 속이는 자라 험담까지 하였다(《조선왕조실록》)." 자기 돈 들이고 노력 쏟고 죽을 고비도 넘기면서(최무선은 화약 재료를 가마솥에 넣고 굽는 위험천만한 실험도 했어) 뭔가 만들어냈더니 "그게 말이 되느냐"는 둥 "포상을 노린 사기꾼"이라는 둥 비난이 쏟아졌다는 얘기야.

최무선은 피를 토하듯 고관들에게 통사정을 하고 시범도 보여주었을 거야. 퇴짜 맞으면, 내가 왜 이런 짓을 하고 다니나 탄식도 했을 거야. 그래도 최무선은 포기하지 않았어. 《조선왕조실록》에서는 최무선이 만들었다는 무기들을 길게 언급하고 있다. '대장군포大將軍砲·이장군포二將軍砲·삼장군포三將軍砲·육화석포六花石砲·화포火砲·신포信砲·화통火㷁·화전火箭·철령전鐵翎箭·피령전皮翎箭·질려포蒺藜砲·철탄자鐵彈子·천산오룡전穿山五龍箭·유화流火·주화走火·촉천화觸天火……' 단순히 화약과 대포를 만든 정도가 아니라 상황에 따라, 때와 장소에 따라, 상대하는 적에 따라 다양하게 사용할 수 있는 화약 무기 편제를 만들었다는 뜻이야.

1380년 전라도 진포에 왜구 함대가 무려 500척이 들이닥쳤을 때 최무선은 부원수로 출진한다. 허구한 날 왜구에 농락당하던 고려 수군 함대는 자신들을 발바닥의 때 이상은 쳐주지 않던 왜구의 배들을 삽시간에 불쏘시개로 만들어버렸다. 왜구에게 전 국토가 유린당한 이래 바다에서 거둔 최대의 승리였어. 이후 남해 관음포 해전에서도 왜구는 최무선의 화포에 몰살당했고 왜구의 기세는 결정적으로 꺾이게 돼.

역사책 속에서는 "이런 게 있으면 참 좋겠는데 어떻게 할 도리가 없네" 하는 한탄들이 빗자루로 쓸어낼 만큼 많이 등장한다. "그걸 알면 뭐라도 해봐야지!" 하면서 소매 걷어붙이는 사람들은 그 10분의 1도 되지 않아. 또 소매를 걷어붙였으되 난관에 부딪혀서는 "에이 내가 뭘 한다고" 포기하는 사람이 또 십중팔구다. 끝내 집념과 의지로 자신의 꿈을 이루는 이는 참으로 드물지. 넓디넓은 사막 속 사금 알갱이 하나 정도랄까.

역사는 그들이 내뿜는 집념의 광채에 곧잘 눈이 먼단다. 최무선이 개척한 화약 무기체계가 조선 전기에 개량을 거쳐 임진왜란 당시 충무공 이순신의 수군 함대가 일본의 수군 함대를 압도적으로 쳐부수는 근간이 됐다면 이해하겠니? 물론 이 모두를 최무선 개인의 공으로 돌릴 수는 없겠지.

하지만 아빠는 생각한다. '화약에 미쳤던' 최무선이 없었다면 결코 이뤄지지 않았을 일이라고 말이야. 우리는 평소에 "당신이 그런다고 세상이 바뀌냐?"라는 힐난 반 농담 반의 질문을 즐겨 던지고 살지. 그런 말을 들을 때 최무선은 싱긋 웃으며 대답할지도 몰라.

"당신이 아무것도 안 하면 세상은 언제 바뀌나? 뭐라도 해야지."

최무선의 화약 제조로 개발된
다양한 무기들. ⓒ 최무선과학관

02

김육, 타는 목마름으로 '대동법'을 외치다

잠곡 김육은 평생 대동법 실시에 대한 집념을 보였다.
조선 백성에게 대동법은 타는 목을 적시는 한줄기 소나기였다.
'대동법이 없었다면 조선은 18세기에
이미 19세기 상황을 맞았으리라'는 평가가 나온다.

한 사람의 집념은 자신을 바꾸고 그 가족의 미래를 변화시킨다. 그 한 사람이 한 나라를 책임지는 정치인이거나 재상이라면 그의 집념은 수백만 명의 운명을 바꿀 수 있어. 자신의 탐욕을 위해 집념을 불태운 '높은 사람들'의 이야기는 세계 역사에서 빗자루로 쓸어낼 정도로 많단다. 하지만 나라의 미래를 바꿀 만한 과제를 위해 집념을 불태운 사람은 그렇게 흔한 편은 아니야. 오늘은 이런 '집념의 조선인' 재상 한 명을 소개하려 한다.

잠곡 김육(1580~1658)이야.

김육이 태어난 해를 보렴. 1580년생이면 그가 열두 살 때 무슨 일이 일어나지? 임진왜란. 몽골 침략 이후 최대 지옥도가 조선 팔도를 뒤덮었어. 오늘날 경기도 남양주 지역에 살던 김육의 가족도 피란을 떠났지. 피란처를 전전하던 도중 아버지가 병들어 죽고 뒤이어 어머니도 돌아가시고 말아. 묘를 조성할 사람들을 살 여유조차 없던 김육은 직접 땅을 파서 부모를 모셨다고 해. 소년 가장 김육은 생존을 위해 발버둥쳐야 했어. 숯을 구워 남양주에서 동대문까지 40리 길을 져 나르며 장사를 해서 동생들을 먹여 살렸다고 하니까.

이후 과거에 급제하고 성균관에도 입학했지만 광해군 때 권력자였던 정인홍에게 맞서다가 쫓겨나고 말아. 김육은 두메산골인 경기도 가평 잠곡이라는 곳에서 토굴을 파고 움막을 지어 연명했단다. 자녀는 2남 4녀. 움막집에서 여덟 식구가 복닥거리고 살았으니 흥부네가 따로 없었겠지? 그 기억 때문일까. 김육은 호를 '잠곡'으로 지었어.

조선 중기의 실학자 잠곡 김육은
대동법 시행을 통해 백성의 삶을 개선했다.

이런 김육에게 기회가 온다. 인조반정이 일어나면서 광해군이 쫓겨나고 정인홍 등 대북大北파가 몰락한 거지. 나이 마흔세 살에 벼슬살이를 시작한 그는 공자 왈 맹자 왈에 능한 선비들과는 좀 질적으로 다른 위인이었어. "나는 멍청해서 학문이 뭔지 잘 모른다. 내가 원하는 것은 바른 마음으로 실질적인 일을 하는 것이고, 쓰는 것을 줄여 백성을 사랑하고 요역을 줄여 세금을 낮춰주는 일이다."

이런 김육이 평생 집념을 불태우며 이루고자 한 소망이 있었어. 바로 대동법이야. 조선의 세금 제도 가운데 특산물을 바치는 공납貢納 제도는 그 폐해가 특히 심했어. 꿀, 밀, 잣, 감, 오배자, 겨자, 짐승 가죽 등등 지방에서 나는 특산물이면서 의식주에 소요되는 광범위한 물건들을 나라에 바쳐야 하는 제도였지. 문제는 이 특산물이 지천으로 나는 게 아니었고 전문적으로 구하고 다녀야 얻을 수 있는 물건이 많았다는 거야. 거기에 자기 동네에선 전혀 나지도 않는 특산물을 부과받는 황망함은 덤이었지.

이 불균형을 해소하기 위해 등장한 것이 방납防納이야. 방납인들이 공납을 납부해야 하는 백성들 대신 공물을 마련해 나라에 내고 농민들한테 그 대가를 받는 방식이지. 농민은 합리적인 가격으로 공납을 하고 방납인은 그를 통해 합당한 이익을 취하면 좋았겠지만 사람 사는 세상이 어디 그러니. 방납인은 농간을 부렸고 부패한 관리와 긴밀한 사이가 됐지. 어떤 탐관오리는 백성들이 공납품을 구해 바치면 질이 낮다거나 양이 적다는 이유로 물리치기도 했다. "어허 왜 쉬운 일을 어렵게 하는고." 결국 백성들은 '꿩 한 마리를 바치는 데 쌀 8말, 생선 한 마리를 바치는 데 쌀 10말의 방납가를 물어야 했다(한명기 외, 《17세기, 대동의 길》).

대동법의 핵심 중 하나는 개별 가구에 부과되던 특산물, 즉 공물 납부의 의무를 토지에 부과하는 방식이었어. 땅을 가진 사람들이 세금을 더 내게 했지. 호족이나 지주에게는 난데없는 '세금 폭탄'이었어. 인조 때 우의정을 지낸 신흠의 말을 들어보자. "어떤 이는 말하기를 '소민小民은 편하게 여기는데 달갑지 않게 여기는 쪽은 호족豪族들이다'고 합니다. 말이야 근사하나 대가大家와 거족巨族이 불편하게 여기며 원망한다면 이 또한 우려스러운 일이라 할 것입니다." 이게 무슨 뜻이겠니? 서민들이 좀 힘들다고 부자들을 불편하게 하면 되겠냐는 뜻이었지.

김육은 충청도 관찰사로 있으면서 충청도에 대동법을 확대 실시하려 했지만 이런 반대에 부딪혀 좌절되고 말았어. 그는 결코 포기하지 않았지. 1649년 인조가 죽고 효종이 왕위에 올랐어. 당시 김육은 일흔 살이었어. 효종은 김육을 놓아주지 않았고 김육 역시 이 기회를 놓치지 않아. 당시 효종에게 한 얘기를 들어봐. "신은 대동법밖에 할 말이 없는데 이것이 시행되면 좋겠지만 만약 대동법을 시행하지 않으면 신은 노망난 늙은이가 되고 맙니다. 그런 재상을 어디에 쓰시겠습니까." 숫제 "대동법이냐 아니냐 양자택일을 하시오"라고 임금에게 들이대는 격이었지. "이 일은 즉위하신 초기에 시행해야지 흉년이 들면 또 시행하기가 어렵습니다." 풍년도 들고 즉위도 하셨으니 이런 개혁은 단번에 해야지 질질 끌면 결국 실패한다는 채근이었어. 이런 김육에게 정적政敵이 좀 많았겠니.

김육은 정치적 처신에도 능한 인물이었어. 대동법 극렬 반대자 중에 원두표라는 사람이 있었어. 효종 2년 원두표는 대동법 주무 관청인 호조의 판서였단다. 당시 영의정 김육은 원두표를 이렇게 몰아붙인다. "사람이 없어서 이 사람에게 재무를 맡기십니까. 대동법 논의 이후 한 번도 저와 의논한 적이 없었습니다." 2년 뒤 《조선왕조실록》에는 김육이 이런 말을 하는 장면이 등장한다. "강원도 김화에서 임진왜란 때 전사한 원호와 병 자호란 때 역시 같은 곳에서 전사한 홍명구를 함께 기리는 사당을 지으소 서." 이 기사 뒤에 사관은 짐짓 한마디를 덧붙여놨어. "원호는 공조판서 원두표의 할아버지다." 김육은 눈엣가시같이 굴던 원두표의 할아버지 원 호를 기리는 사당을 짓자며 정적政敵을 달래는 고단수를 부렸던 거지. 효 종이 '죽을 때까지 못 고칠 병'이라고 타박할 만큼 쇠심줄 고집의 김육이 었지만 자신의 집념에만 매달리지 않고 상대와 '밀당'을 하는 유연함도 지 녔던 거야. 김육의 유연함은 그 집념의 순수성을 오롯이 드러냈고 송시열 등 반대자들도 효용을 인정하게 될 만큼 대동법은 그 빛을 발했지.

김육은 유언까지도 대동법이었어. "신의 병이 날로 깊어만 가서 실낱 같은 목숨이 얼마 못 버티고 끊어질 것 같습니다. 신이 만약 죽는다면 하 루아침에 돕는 자가 없어져 대동법이 중도에 폐지될 것이 두렵습니다." 그가 죽기 직전까지 신경을 쓴 곳이 바로 곡창지대 전라도였어. 그는 자 신이 믿는 이를 감사로 추천하면서 호남의 대동법 실시에 대한 집념을 보 였으니까. 효종이 이미 그렇게 임명했으니 몸이나 돌보라며 달랠 만큼.

백성에게 "밥은 하늘"이라고 했다. 제도의 모순 아래 신음하던 조선의 백성에게 대동법은 타는 목을 적시는 한줄기 소나기였고, 기득권보다 백 성의 삶을 개선하는 데 방점을 찍었던 민생 정책의 힘을 보여주었어. "대 동법이 성립되지 않았다면 조선은 18세기에 이미 19세기 상황을 맞았을 가능성이 높다"라는 평가는 그래서 나온 것이겠지(이정철 외, 《쟁점 한국 사─전근대편》).

너는 역사를 공부하며 "어떻게 이걸 참고 살았지?" 투덜거리곤 하지.

방납에 허덕이던 조선 백성들을 불쌍해하면서 말이야. 먼 훗날 우리 후손들은 우리 시대를 두고 혀를 찰지도 몰라. "어떻게 상위 10퍼센트가 하위 75퍼센트보다 더 많은 자산을 보유할 수가 있지? 평생 일해도 집 한 채 못 사는 나라를 어떻게 참았지? 왜 저 때는 김육 같은 사람이 없었던 거야?" 하면서 말이야.

효종 10년에 세운 대동법 시행기념비.
대동법을 실시한 삼남(충청·경상·전라) 지방으로 통하는
길목인 경기도 평택시 소사동에 있다. ⓒ 문화재청

03

조선을 깨운 홍어 장수 문순득

200여 년 전 문순득은 흑산도 부근 바다에서 표류해 유구(오키나와),
여송(필리핀) 그리고 중국 등을 거치며 다양한 풍속을 경험했다.
그가 고향에 돌아온 때는 1805년 1월,
3년여간 유랑을 마치고서였다.

어떤 계기가 있을 때마다 철석 같은 결심을 하고 그 결심을 공공연히 선
포하지만 대개 작심삼일에 그치는 게 보통 사람들이지. 하지만 기억하
렴. 작심삼일이라 하더라도 결심을 포기하지 않고 작심삼일 백 번을 하면
1년이 가는 거란다. 하다가 중단하는 건 자랑할 일이 못 되지만 아예 마
음을 먹지 않는 것, 실행에 옮기지 않는 게 훨씬 더 부끄러운 일이다. 강
철 같은 의지를 애초부터 가진 사람은 드물어. 때로는 낙담하고 포기하고
싶어지기도 하지만 다시 결심하고 발버둥을 치면서 의지는 점점 굳어지

는 거야. 그런 의미에서 아빠가 앞의 최무선을 시작으로 불굴의 한국인들 (조선인이거나 고려인, 혹은 신라인일 수 있겠다)을 소개하는 거란다.

1979년 7월 전라남도 인근의 다도해에는 한떼의 학자들이 돌아다니고 있었어. 이름하여 '낙도落島 종합학술조사단'. 그때껏 잘 조사되지 않았던 외딴섬의 자연환경과 생태계, 문화유산, 각 섬의 독특한 습관 등 다양한 분야를 연구하기 위한 여정이었지.

흑산도 옆 우이도라는 섬에서 '보물'이 나왔어. 섬 주민 문채옥 씨 집에 있던 뒤주의 고서 더미에서 참으로 진귀한 기록 하나를 발견한 거야. 《표해시말漂海始末》. 바다를 표류한 이야기의 전말이란 뜻이다. 이 표류기의 주인공은 문채옥 씨의 5대조, 문순득이라는 사람이었어. 그의 표류담을 당시 흑산도에 귀양 와 있던 다산 정약용의 형 정약전이 정리한 것이었지.

문순득은 오늘날에도 유명한 흑산도 홍어를 잡아 팔던 어부이자 상인이었지. 스물다섯 살이던 1802년 1월 거센 풍랑을 만나 표류하다가 유구

(왼쪽)1802년 문순득은 풍랑을 만나 일본 유구까지 밀려갔다. ⓒ 국립해양문화재연구소
(오른쪽)정약용의 형 정약전은 그의 표류담을 정리해 《표해시말》을 썼다. ⓒ 문화재청

琉球(류큐), 즉 오늘날의 오키나와까지 흘러가게 됐어. 유구국은 중국과 일본, 동남아시아와도 활발한 무역을 전개하던 곳인지라 조선 사람이 유구 땅까지 밀려오는 일이 드물지 않았고 표류자에게 호의를 베풀어주었어. 여기까지는 문순득에게는 '불행 중 다행'이었을 거야. 9개월 뒤인 10월 7일 유구국 관리들과 함께 중국 가는 무역선에 탈 수 있었으니까.

또 한 번 불운이 닥쳐왔어. 항해 시작 바로 다음날이었지. "서풍을 만나 10여 일을 어디로 가는지 모르다가 다시 북동풍을 만났다." 또 한 번 표류하게 된 문순득 일행이 당도한 육지는 여송呂宋(루손), 즉 필리핀이었어. 문순득 일행 중 15명이 《걸리버 여행기》에 나오는 선원들처럼 조심스레 육지에 상륙했어. 당장 마실 물이 필요했거든. 돌아온 사람은 9명이었어. 현지인들에게 6명이 붙잡혔고 가까스로 몸을 피한 나머지만 도망쳐 온 거지. "여송의 동북에는 다섯 섬이 있어서 배로 13일을 가니 보였는데 풍속을 알지 못해 감히 가까이하지 못했다(최성환, 《문순득 표류 연구》)."

유구국 사람들이야 대충 필리핀을 알고 있었겠지만 문순득으로서는 루손 섬이고 필리핀이고 생전 처음 듣는 지명이었을 테고, 그곳에 사는 사람들조차 생판 낯설었을 거야. 우여곡절 끝에 문순득 일행은 루손 섬 북서부의 일로미라는 곳에 상륙했는데 이곳에서 필리핀에 터 잡고 살던 중국인들의 도움을 받아 겨우 한숨 돌리게 돼. 그로부터 넉 달 뒤 또 한 번 황당한 일이 펼쳐진단다.

문순득이 탄 배는 중국으로 가는 공식 조공선이었고 조선 표류민들을 중국으로 송환하는 임무를 지닌 유구국 관리가 타고 있었어. 이 관리는 한시라도 빨리 중국으로 가 임무를 마치기를 바랐지만 그 배에 탔던 중국인들은 천하태평 '만만디'였어. "바람이 순풍이어야 가지요, 한 두어 달 뒤에 가지요, 뭐." 중국인들은 어차피 필리핀에 사는 화교들의 지원으로

배 두드리며 지낼 수 있었지만 그 비용은 몽땅 유구국인들이 부담해야 했거든. "중국인들은 중국과 유구 간의 국제관계에 따라 표류인의 송환 경비를 유구에서 무상으로 부담해야 한다는 점을 잘 알고 있었고 이를 악용하는 상황(위의 책)"이었던 거야. "하루에 소 한 마리를 잡는" 정도의 '융숭한' 대접은 좋지만 그게 다 자기들 주머니에서 나가는 거였으니, 유구국 관리들은 얼마나 속이 탔겠니. 세계 3대 상인이라는 명성에 충실하게 중국인들은 루손에 체류한 넉 달 동안 유구국 관리로부터 은전 600냥을 체재비로 받아 챙겼단다.

더 이상 못 참겠다 싶었던가 봐. 유구국 관리들은 표류자들을 압박해 중국인 4명과 조선인 5명(여기에는 문순득의 작은아버지도 포함돼 있었어)을 배에 태우고 나머지 27명(조선인은 두 명)을 여송에 두고 훌쩍 닻과 돛을 올리고 떠나버렸어. 문순득은 만리타향 여송에서 자신을 송환해줄 유구국 관리에게 버림받은 채 국제미아가 된 거야. 얼마나 막막했겠니. "이 사실을 알았다면 비록 유구국 배에서 죽더라도 어찌 작은아버지를 따르지 않았겠는가.…… 유구국 배를 잃고 뒤에 남겨져 먹고살 방법이 없었다." 두 번씩이나 표류하며 죽을 고비를 넘기고 버려지다시피 남은 문순득은 이 암담한 상태에서도 희망을 놓지 않았어. 도무지 고국 땅에 돌아갈 엄두가 나지 않는 상황, 말도 통하지 않는 외국에서도 문순득은 노끈을 꼬아서 더듬더듬 필리핀 말로 장사를 하고 어설픈 중국어로 중국인들 쌀 무역을 거들며 생을 이어갔단다.

또 그 와중에 천연덕스럽게 필리핀이라는 생면부지의 풍경과 사람들을 머릿속에 담았어. "남녀의 피부색이 검푸른 사람들은 자식도 그렇고, 피부가 흰 사람들은 역시 자식도 희다"라면서 식민 통치하의 필리핀을 묘사하기도 했고, "세 끝이 뾰족한 젓가락", 즉 포크로 식사하고 투계鬪鷄를 좋아하던 필리핀 사람들, 그리고 100개가 넘는 필리핀 단어들을 뇌리에 간직하게 된단다. 그렇게 몇 달을 고생해서 번 은전 큰 것 12개로 마침내 문순득은 중국 광동(광둥)으로 가는 무역선에 올라탈 수 있었어. 그는 오늘날의 마카오에 도착한 최초의 한국 사람이 되었고 마카오를 지배하던 포르투갈과 중국 관리들의 심문을 거쳐 중국을 남북으로 종단해 북경(베이징)에 온 조선 사신들을 만나 귀국길에 오르게 돼. 그가 고향 우이도에 돌아온 건 1805년 음력 1월 8일이었어. 무려 3년여간 표류하고 유랑한 끝이었지.

전남 신안군 우이도 우이도항에 세워진
'홍어 장수 문순득' 동상.

조선 사신은 기막힌 여정을 거쳐 온 문순득에게 이런 시를 준다. "흑산도 민속은 매우 어리석어 바다에서 이익을 쫓느라 매우 곤궁하구나. ……원하노니 고향에 가거든 농가에 안식해서 농사나 지으시게." 당시 조선 팔도에서 오키나와(유구국)와 필리핀과 마카오를 거쳐 중국을 가로지르고 중국인·스페인인·포르투갈인들과 실제로 부딪쳐본 유일한 사람이었을 문순득에게 "바다에서 고기 잡으니 그런 일을 당하지 않느냐? 농사나 지어라"라고 훈계한 셈이야. 그러나 문순득은 그 고생을 하고도 농사지으며 땅에 머물지 않았어. 흑산도에 귀양 와 있던 정약전을 만나 《표해시말》을 남기게 된 것도, 제주도에 표착했으나 어디 사람인지 알 수 없어 송환되지 못한 채 억류돼 있던 필리핀인들의 '구원자'가 될 수 있었던 것도 그가 계속 바다를 누볐기 때문에 가능한 일이었지. 문득 홍어 장수 문순득의 생김새가 궁금해지지 않니? 의지가 굳은, 그러면서도 넉살도 좋고 눈썰미도 뛰어났던 궁벽진 섬의 어부, 당시 조선 천지에서 가장 넓은 세상을 누빈 그가 어떻게 생겼을까 아빠는 궁금하구나.

04
해방 후 11년간 밀림에 숨어 산 징용자 조병기

오노다 히로는 일본이 항복한 뒤에도
29년 동안 필리핀 루방 섬의 밀림에서 버텼다.
조병기는 팔라우 군도의 펠레류 섬에서 11년 동안 숨어 지냈다.
둘의 생존방식은 달랐다.

요즘은 너희가 배우지 않지만 '교련'이라는 과목이 있었어. 남학생들은
제식훈련부터 총기 분해, 총검술 등 군인을 방불케 하는 교육을 받았고
여학생들은 삼각대 매기 등 유사시 '간호병'으로서의 역할을 익혔단다.
교련 선생님들은 대개 무서웠어. 교사라기보다는 준군인으로 학생들을
다루는 경우가 많았으니까. 하지만 재미도 있었다. 이론(?) 수업 하는 날
엔 교과서와 관계없이 선생님들의 실제 전투 경험담이나 전쟁사 이야기

를 들을 수 있었거든. 어느 날 비 오는 교련 수업시간, 교련 선생님은 "일본인들이 밉지만 본받을 건 본받아야 한다"면서 한 일본인 얘기를 들려주셨어. 오노다 히로라는 이름이었지.

오노다 히로는 태평양전쟁 당시 일본군으로 참전한 일본군 장교야. 드넓은 태평양 곳곳에서 대포와 폭탄이 불을 뿜었고 큼직한 섬나라부터 이름도 제대로 붙여지지 않은 작은 섬들까지 피비린내에 뒤덮였다. 오노다 히로는 루방이라는 필리핀의 작은 섬에 투입돼 그곳을 사수하라는 명령을 받는다. 당시 일본군은 포위되거나 전세 역전의 희망이 없는 경우 전원 총검을 들고 "돌격"을 부르짖으며 빈틈없이 늘어선 미군의 기관총 앞으로 달려들다가 죄 쓰러지고 마는 이른바 '옥쇄玉碎(옥처럼 깨어진다는 뜻)'를 감행하곤 했는데 오노다의 사령관은 좀 색다른 명령을 내려. "항복도 옥쇄도 허락하지 않는다. 마지막까지 싸워라."

살 수 있는데도 불구하고 별 의미도 없는 자살 공격을 감행하는 일본군의 광기를 보고 미국인들은 엄청난 충격을 받았고 이 정신 상태를 분석하기 위해 인류학자 루스 베네딕트에게 연구를 의뢰해서 나온 책이 유명한 《국화와 칼》이야. 오노다 히로도 미국인들이 놀라움을 금치 못했던 광기의 포로 중 하나였지.

29년간 필리핀 루방섬 정글에서 버티던
오노다 히로 전 일본군 소위. ⓒAP PHOTO

광기의 특징 중 하나는 집착이야. 오노다 히로는 죽지도 항복하지도 말라는 명령에 집착했고 일본이 원자폭탄을 맞고 항복한 뒤에도 전쟁이 끝나지 않았다는 믿음으로 패잔병 몇 명과 함께 전쟁을 지속한단다. 그중에 "전쟁이 끝났다"는 필리핀 정부의 호소에 항복한 사람도 있고 필리핀 정부군에 사살된 사람도 있어서 혼자 남게 되지만 오노다 히로는 그래도 포기하지 않고 밀림에 숨어 그만의 전쟁을 이어가.

1974년 오노다 히로의 이야기를 듣고 흥미를 느낀 일본인이 밀림 속으로 들어가 오노다를 만났고 일본이 항복했다는 사실을 설득하게 돼. 일본이 항복한 건 이해했지만 오노다는 직속상관의 명령 없이는 항복하지 않겠다고 고집을 부렸고, 끝내 그 상관이 필리핀까지 날아와 투항명령서를 전달한 뒤에야 항복을 하고 일본으로 돌아갔단다. 그는 일본에서 영웅이 되었지. 그런데 그 이유를 아빠는 교련 선생님으로부터 생생하게 들었단다.

"그때까지도 오노다 소위의 총검은 반짝반짝 빛이 났다. 수십 년 동안 그 칼을 갈고 닦았던 것이다. 이런 것이 군인정신이다. 일본인들이 가진 사무라이 정신이다. 일본이 밉지만 그 정신은 여러분이 본받아야 한다." 침을 튀기며 목소리에 열기를 돋워 말씀하시던 모습이 눈에 선하구나. 마치 일본인이 된 듯 오노다의 군인정신을 찬양하던 그 모습이.

병 세 개와 나뭇가지로 만든 달력

그런데 오노다 히로만큼 길지는 않았지만 꽤 오랫동안 이미 끝난 전쟁터에 숨어 살아야 했던 한국 사람이 있다. 아니 조선 사람이라고 해야 할까. 1955년 7월 5일 오후 6시 20분. 말쑥한 양복에 파나마 모자를 쓰고 짐 보따리를 두 손에 바리바리 든 여행객 하나가 부산항에 도착했어. 기자가 지금 누가 가장 보고 싶으냐고 묻자 그는 더듬더듬 일본어로 대답했지. "아내와 아들 보형이가 보고 싶습니다." 그러나 그는 일본인이 아니었다. 1942년 징용에 끌려갔다가 엄청나게 많은 돈을 벌 수 있다는 감언이설에 속아 남양군도 파견 노동자로 지원한 한국인이었지. 그가 도착한 곳은 요 즘 관광지로 유명한 팔라우 군도 중의 하나인 펠레류 섬. 참으로 안 된 일 은 미군이 그 섬을 총공격하기 불과 몇 달 전이었다는 사실.

미군이 상륙하자 태평양전쟁에서 늘 벌어지던 풍경이 펼쳐졌어. 일본 군의 발악적인 저항과 미군의 소탕전. 일본군이 모두 죽거나 항복한 뒤에 도 펠레류 섬의 숲속에 숨어 살던 사람들이 있었어. 조병기를 비롯한 한 국인 노동자 3명이었지. "미군들은 코와 귀를 자르고 혓바닥을 빼낸다"라 는 일본군의 악선전을 그대로 믿었던 그들은 숲속에 들어가 숨어 살았던 거지. 단양, 영월, 제천 출신이었던 그들의 운명은 엇갈린다. 영월 출신인

1955년 7월 5일 13년 만에 고국 땅을 밟은 조병기 씨가 환하게 웃고 있다. ⓒ Google 갈무리

다케노(창씨개명한 이름)는 미군에 의해 사살되었고, 제천 출신의 한 사람은 행방불명이 되었어. 남은 이는 조병기 하나였단다.

이후 그는 그야말로 로빈슨 크루소의 삶을 살게 돼. 미군들의 모래자루를 훔쳐 옷과 침구를 만들었다. 또 원주민들이 재배하는 다베오깡이라는 작물을 훔쳐 먹었고 만만한 달팽이와 게를 잡아먹으며 아사를 면했다고 해. 오노다 히로는 '전쟁'을 치를 무기라도 가지고 있었지만 조병기는 아무런 무기도, 도구도 없었어. 하지만 그는 오로지 생존하겠다는 일념 하나로 11년을 버텼어.

"우연히 산속에서 미군용 성냥을 주워 이때부터 불씨를 만들어놓고 화식火食(불에 익혀 먹음)을 시작하였는데 그것이 1947년 4월경이다(《동아일보》1955년 7월 7일 자)." 그런데 조병기는 어떻게 불씨를 얻은 시기를 정확히 기억할 수 있었을까? 그의 놀라운 발명품(?) 덕이었어. "세월이 흐르는 것을 계산하기 위해 주워다 놓은 병 세 개에 나뭇가지를 가늘게 쪼개어 날수를 세도록 병에다 매일 하나씩 더하고 다시 그 병에 서른 개가 모이면 달수를 세는 병에다 하나를 더 넣고 다시 그 병에 나뭇조각 하나를 더 넣는 방법을 써서 개인 달력을 만들었다(위 신문 기사 중)." 인간이 살아가는 데 꼭 필요한 소금의 경우 바닷물을 떠와서 달팽이 '곰국'을 끓여 간을 맞췄다니 실로 눈물겨운 생존과 귀향을 향한 의지 아니었겠니.

오노다 히로 소위는 29년 동안 필리핀인 30명을 죽였고 100여 명에게 부상을 입혔다. 원주민 가옥 전체를 불지르는가 하면 사람을 토막 내 죽이는 등 온갖 만행을 저질렀던 그는 99식 소총과 탄환을 29년 동안이나 보관하면서 상시 사용 가능하게 보관하고 있었지. 반면 일본인들에게 끌려갔던, 또는 더 많은 돈을 벌게 해준다는 꾐에 빠져 일선의 섬에 처박혔던 노동자 조병기가 10년이 넘도록 목숨을 걸고 간직했던 것은 불씨였어. 달팽이 같은 것들을 날로 잡아먹으면서 배탈이 나자 음식을 익혀 먹어야 한다는 사실을 깨달은 그는 처음 불씨를 얻은 이래 11년 동안 그 불씨를 꺼뜨리지 않았단다. 적어도 아빠는 총칼에 기름칠하며 사람을 죽이고 약탈을 서슴지 않으며 '전쟁'에 집착한 이보다는 최악의 상황에서도 소중한 불씨를 단 한 번도 꺼뜨리지 않고 지켜냈던 조병기의 집념에 더 눈길이 가는구나.

돌아왔을 때 부인은 이미 개가해버리고 아들 하나만 그 곁에 남았으며 사정을 딱하게 여긴 한 교장 선생님이 서울 자신의 학교 소사로 취직을 알선했다는 소식을 끝으로 그가 어떤 삶을 살았는지는 알려져 있지 않아. 그러나 "아무도 내 처지를 돌보지 않았던 것을 원망하지 않겠다. 남양군도에서 살아온 고생만큼 견딜 수 있다면 남다른 삶을 살 수 있을 것이다《경향신문》1955년 8월 23일 자)"라는 그의 다짐과 "유명해졌으니 국회의원 한번 출마하시오" 하는 기자의 농담에 "나라고 못할 거 있겠소?"라고 받아치던 여유로 비추어 '의지의 한국인' 조병기가 행복한 여생을 살았으리라 짐작해본다. 아니 기원해본다는 편이 맞겠구나.

05

"조선학교를 지켜라", 열여섯 살 김태일의 죽음

1949년 미군정과 일본 당국이
조선학교 폐쇄령을 내리면서 거의 모든 학교가 문을 닫았지만
재일동포들의 노력으로 다시 명맥을 이어나갔다.
그러나 대한민국 정부는 그들을 철저히 외면했다.

경술국치 후 수많은 이들이 일본으로 건너갔어. 식민지 조선보다야 먹고
살 만한 일자리가 더 있었을 테니까. 1931년 만주사변, 1937년 중일전쟁
등 일본이 연이어 침략전쟁을 일으킨 뒤에는 더 많은 조선인이 일본 전역
의 탄광과 공장에서 일하게 됐고, 해방 무렵 일본에 터 잡고 살아가던 조
선인은 무려 200만 명에 이르게 돼. 해방 후 상당수는 고국으로 돌아왔지
만 상황이 여의치 않은 사람들도 많았어. 이를테면 일본을 점령한 미군은

일본에 있던 조선인들이 귀국할 때 가지고 갈 수 있는 재산에 제한을 두었다. 현금 1000엔, 물건으로는 약 110킬로그램이 전부였지. 1000엔이라고 해봐야 쌀 한 가마니 값도 못 되는 것이었으니 숫제 옷 한 벌만 걸치고 귀국하라는 것과 진배없었어. 결국 약 60만 명의 조선인이 일본에 남는다. 이른바 '재일동포'들이지.

　고국에 돌아가지는 못하게 됐지만 재일동포들은 세계가 인정하는 한국인의 특징 하나를 공유하고 있었지. 바로 교육열이야. 해방 직후 재일동포들이 난감해한 것은 2세들에게 우리말과 글을 가르치는 문제였어. 일본에서 나고 자란 자식들이 우리말과 글에 익숙할 수 없었으니까. 조선인연맹 사무실이나 폐쇄된 공장 등을 빌려 이뤄지던 '국어강습회'가 '조선학교'로 확대되어 일본 전국에 약 500여 곳, 학생 수는 6만을 헤아리는 거대한 네트워크를 이뤘지. 그런데 재일동포들의 조직을 사회주의자들이 주도한다고 판단한 미군정과 일본 당국은 조선학교들을 교육 문제가 아니라 사회질서를 해치는 공안의 문제로 바라봐. 미군정과 일본 당국은 1948년 1월 24일, 일본 교육실정법 위반을 들어 조선학교 폐쇄와 학생들

1948년 미군정과 일본 당국이 조선학교 폐쇄령을 내리자
재일동포들은 '조선학교를 지켜라'고 부르짖으며 시위에 나섰다.
ⓒ 재일한인역사자료관

의 일본학교 편입을 명령한단다.

"해방된 우리 민족이, 우리 민족교육을 하겠다는데 왜 금지한단 말인가." 재일동포들의 울분은 끓어올랐어. 재일동포들이 밀집해 살던 한신 지역(오사카와 고베 일대)에서는 4·24 한신 교육투쟁이라 불리는 거대한 항쟁이 벌어졌어. 수천 명의 재일동포 시위대와 일본 공산당원들이 오사카성 주변 곳곳에서 봉홧불을 피우며 경찰과 맞섰고 오사카 부청사로 돌격하지만 공권력에 막혀 무산되고 말았지. 항의 시위 과정에서 두 명의 재일동포가 죽었어. 그중 오사카에서 경찰의 총에 뒷머리를 맞아 죽은 김태일은 불과 열여섯 살이었지. 그는 여섯 살 때 아버지를 잃고 일곱 형제를 부양하기 위해 학교를 그만두고 공장에서 일하고 있었어. 그러던 그가 "조선학교를 지켜라!"고 부르짖으면서 시위의 선봉에 섰다가 결국 목숨을 잃은 것이다. 학교도 다니지 못했던 열여섯 살 공장 직공이 지켜내려고 했던 '조선 교육'.

1949년 전면적인 조선학교 폐쇄령이 내려지면서 거의 모든 조선학교가 문을 닫았지만 이후 재일동포들의 노력으로 다시 명맥을 이어나갔어. 일본 당국은 당연히 조선학교를 정식 교육기관으로 보지 않았고 재정 지원은커녕 정식 학력조차 인정하지 않았지. 거기에 조국의 분단은 재일동포 사회에도 들이닥쳤어. 재일동포들은 북한을 지지하는 조총련과 남한 쪽에 선 거류민단으로 나뉘게 돼.

조선학교는 조총련 쪽의 지원을 받았어. 정작 조선학교에는 조총련 계열의 재일동포들만 들어온 건 아니었어. 북한을 지지하는 사람들은 물론이고 한국 국적의 재일동포 2세들도 조선학교를 찾았어. 이유는 단 하나. 그곳이 아니면 우리말을 배울 수 없었기 때문이야(민단 쪽의 교육기관은 거의 없었어).

하지만 대한민국 정부는 그들을 철저히 외면했단다. 조선학교 자체가 재일동포들의 열렬한 투쟁의 산물이었음에도 불구하고 그들이 좌익에 기울었다는 이유로, 북한을 지지하는 조총련 계열이라는 이유로 험악하게 바라보았고 심지어 일본 정부에 조선학교 문을 닫아달라고 요청하기도 했어. 한국의 재일동포 정책이 '기민정책棄民政策', 즉 사람들을 버리고 내팽개치는 것이었다는 말이 나오는 것도 무리가 아니지.

알다시피 아빠는 북한 세습정권을 무척 싫어하지만 한때 북한이 재일동포들에게 성의를 다했다는 데에는 이의가 없단다. 한국전쟁 이후 폭격으로 인해 '석기시대'로 돌아간 나라를 재건하는 와중에도 북한은 재일동포들의 민족학교에 돈을 주고, 책을 보내고, 민족 교육을 유지할 수 있게 도왔어. 누가 뭐래도 가장 어려운 시절 자신들을 도왔던 사람들과 그 나라에 친근감을 가지는 건 당연한 일 아니었겠니. 조총련을 싫어하고 공산주의를 탐탁지 않아 하는 재일동포라도 자식들로 하여금 우리말을 잊지 않게 하려고 조선학교를 보내야 했던 시절, 일본과 국교를 맺고 명색이 한반도 유일의 합법 정부를 자랑하는 대한민국 정부가 보여준 속 좁음은 길이길이 부끄러움으로 남을 것 같구나.

정대세가 인공기 앞에서 눈물 흘린 이유

요즘 방송에 자주 등장하는 축구 선수 정대세는 초·중·고교 과정을 모두 조선학교에서 마쳤어. 그의 아버지는 한국 국적이었고 정대세도 그랬지만 조선학교를 거친 정대세는 북한에 대해서도 애정을 가지게 됐고, 일본 팀한테 완파당하는 북한 축구팀을 보고 북한 국가대표가 되고 싶어 하지. 하지만 한국 국적자가 북한 선수로 뛰는 것은 불가능한 일이었고 그

는 국제축구연맹FIFA에 분단국가 재외국민의 특수성을 열렬히 호소하고
서야 북한 대표로 2010년 남아프리카공화국 월드컵에 출전할 수 있었지.
경기 전 북한 국가國歌를 들으며 정대세는 펑펑 울었다. 아빠는 그 눈물이
일본 사회에서 자이니치在日(일본인들이 재일동포를 부르는 말)로서 겪었던
차별의 기억과 그 참담함 속에서도 자존을 잃지 않게 해준 조선학교와 그
를 도와줬던 대상(꼭 김일성 부자라기보다는)에 대한 감회가 폭발한 것이라
고 봤어. 수십 년 동안 조선학교 여학생들의 교복은 치마저고리였는데 전
철 안에서 칼에 찢기는 일이 비일비재했대. "그래도 여학생들은 치마저
고리를 포기하지 않았고 조선학교 남학생들은 여학생들의 옷을 찢고 희
롱하는 일본인들을 향해 몸을 날리기를 서슴지 않았지." 아마 정대세에
게도 분명히 비슷한 경험이 있었을 거다. 그에게 인공기 앞에서 눈물 흘
린 죄를 물을 수 있을까.

언젠가 너랑 함께 보고 싶은 다큐멘터리 〈우리 학교〉에서 재일동포 2세
출신의 한 조선학교 선생님은 재일동포 3세나 4세쯤 돼 보이는 아이들에
게 시대에 맞는 민족 교육을 하고자 또 하나의 조국 한국을 공부하고 있
었다. 그처럼 조선학교도 이제는 북한 일변도의 교육에서 벗어난 민족 교
육을 위해 애쓰고 있어. 아직 조선학교에 '김일성 장군의 노래'가 울려 퍼
진다고 해서 우리는 예전의 한국 정부처럼 그들을 외면해야 할까? 아빠
는 그렇게 생각하지 않아. 오히려 그들이 익혀온 시각에서 벗어나 더 넓
은 세상과 상식을 경험하고 인간으로서의 권리를 향유하도록 돕는 것이
시급하다고 여긴다. 그런 의미에서 아빠는 〈몽당연필〉이라는 조선학교
돕기 모임 회원이 되려고 해. 조선학교는 소중한 존재거든.

무슨 '민족 교육'을 해서만은 아니야. 한 집단 내에서 절대적으로 소수
인 또 다른 집단이 불굴의 의지로 지켜온 권리, 터무니없는 차별과 압박

속에서도 스스로 원하는 것을 배우고 교육할 권리를 70년 동안 지켜온 사람들의 집념과 의지 자체가 역사적으로 보배롭기 때문이지. 열여섯 살 노동자 가장으로 조선어 교육을 위해 시위하다 총을 맞은 김태일부터 '인민 루니' 정대세에 이르는 그 역사를 어떻게 외면할 수 있겠니.

조선학교 학생들은 일본 정부의 '고교 수업료 무상화' 정책을 조선학교에도 적용해달라는 싸움을 오랫동안 전개해오고 있다. 2010년 민주당 집권 시에 시작된 '고교 수업료 무상화'는 본디 외국인 학교도 적용 대상이었고 조선학교도 포함되게 돼 있었지만 2013년 아베 신조 정부가 정치적 이유로 조선학교를 무상화 대상에서 제외하면서 문제가 촉발됐지. 도쿄, 오사카, 나고야, 히로시마 등 각지의 일본 지방 법원에 조선학교 문제가 제기됐고 여러 번의 패소를 거듭하면서도 조선학교 학생들은 포기하지 않고 싸우고 있어. 참으로 집념어린 사람들 아니냐. 그들이 조선인이고 한국인이고에 앞서서 말이다.

조선학교 출신 한국 국적의 축구 선수 정대세는
북한 대표로 남아프리카공화국 월드컵에 출전했다.
© REUTERS

06

'하지 않을 자유' 깃발 든 무기수 '간첩' 강용주

1985년 '구미유학생 간첩단 사건'으로 무기수가 된
의대생 강용주는 전향공작의 유혹과 협박을 이겨내고 14년을 버텼다.
출소한 그는 19년째 보안관찰법과 싸우며
창살 없는 감옥을 부수고 있다.

넬슨 만델라는 2013년 세상을 떠난 남아프리카공화국의 전 대통령이야.
그는 인종차별주의로 악명 높던 남아프리카공화국에서 반정부 투쟁을
하다가 27년 동안 수감되었고, 인종차별이 철폐된 뒤 첫 흑인 대통령으
로 당선되었지.

만델라의 수감 기간을 말할 때 '무려' 27년이라는 표현이 적절하겠지만
한국으로 오면 얘기가 달라진다. 겨우(?) 27년 가지고는 명함도 못내밀

장기수 정치범 또는 양심수들이 수두룩하기 때문이지. 일례로 인민군으로 체포됐다가 무려 45년간 옥살이를 한 뒤 북한으로 가서 2011년 타계한 김선명은《기네스북》에 세계 최장기수로 등재돼 있어.

그런데 김선명을 비롯한 좌익 장기수들은 옥살이 외에 만델라도 상상하지 못했을 고통을 겪는단다. 바로 '전향 교육'이라는 거였지. 대한민국 헌법 제19조는 '모든 국민은 양심의 자유를 가진다'라고 규정하고 있어. 양심의 자유란, 외부의 속박을 받지 않고 자신의 양심에 따라 행동하는 자유를 말해. 대한민국 정부는 스스로 헌법을 짓밟았단다. 이른바 사상범들의 머리를 개조해 '자유 대한'의 품에 안기게 하겠다는 전향 공작을 자행했어. 교도소에 수감된 깡패들이 두들겨 패기도 하고, 전향서에 사인만 하면 석방해주겠다는 달콤한 유혹을 곁들이면서 말이야. 많은 이들이 굴복했지만 어떤 이들은 수십 년 동안 자기 양심의 선택을 지켜냈어.

넬슨 만델라는 반정부 투쟁을 하다가 27년 동안 수감되었고
인종차별이 철폐된 뒤 남아프리카공화국의
첫 흑인 대통령으로 당선되었다 ⓒAFP PHOTO

아빠는 그들의 사상에 동의하지 않으나 끝내 전향하지 않은 사상범들은 한국 민주주의 발전에 지대한 공을 세웠다고 생각해. 양심의 자유를 사수했다는 건 대한민국을 부정했을망정 헌법 제19조의 정신을 실제로 구현하는 일이지 않았겠니.

역대 정권들은 수많은 간첩 또는 반체제 사범을 '생산'해냈다. 수많은 사람들이 이유도 모른 채 끌려가 영문도 모르는 조직에 휘말려 귀신도 모르게 죽거나, 진짜인지 가짜인지도 모를 간첩이 되어야 했지. 오늘은 그 가운데 한 사람의 이야기다.

1980년 5월 광주로 거슬러 올라가보자. 전두환 졸개들의 야수 같은 만행을 목도한 광주의 고교생들도 항쟁에 뛰어들었어. 그들 가운데 강용주는 광주 동신고등학교 3학년생이었다. 광주항쟁의 마지막 날 그는 가지 말라고 울부짖는 어머니에게 큰절을 하고 전남도청으로 향했다. 계엄군이 땅거미처럼 시나브로 도청을 덮쳐오자 그는 두려움을 이기지 못하고 도망치고 만단다.

사람이란 의외로 나약한 존재야. 예수의 수제자라 할 베드로도 십자가에 매달린 예수를 보고 하룻밤에도 세 번이나 그를 부인하지 않았니. 하물며 죽음의 촉수가 자기 목에 스칠 듯 다가오는 상황을 견딜 사람은 많지 않아. 어떤 이는 그 트라우마에 갇혀 평생을 경계하며 살거나 일부러 과거를 외면하기도 하지. 강용주는 그러지 않았어. 의대생이 된 그는 학생운동에 뛰어들었어. 빡빡한 의과대학 공부와 학생운동을 병행하던 그에게 운명 같은 올가미가 씌워진 건 1985년이었어. '구미유학생간첩단 사건'이라는 거창한 간첩단의 일원으로 '그려져' 옥살이를 하게 된 거야. 자그마치 무기징역.

무기수 간첩이 되어버린 의대생 강용주에게도 전향 공작의 유혹과 협박이 동시에 닥쳐왔어. "이거 한 장이면 나갈 수 있다." 한창 젊은 나이의 무기징역 수인에게 그만한 유혹이 어디 있겠니. 눈 질끈 감고 사인 한 번 휘리릭 하면 되는데. 나가기만 하면 의대에 복학할 수도 있고 데이트도 할 수 있고 감옥 같은 거 깡그리 잊고 살 수 있는데. 그는 그 유혹을 뿌리친다. 그에게 닥친 건 협박과 고문. 그래도 그는 전향서에 도장을 찍지 않고 14년을 버틴다. 왜 그들은 '비전향' 장기수가 됐던 걸까.

대한민국 부정해도 양심의 자유 사수하는

강용주는 이렇게 말해. "한 인간의 영혼을 국가권력이 굴복시키는 거예요. 그렇게 굴복하면, 한 인간의 존재가 파괴돼요. 그렇기 때문에 국가에선 그걸 그렇게 집요하게 요구하는 거고요(《한겨레》 2017년 5월 13일 자 인터뷰)." 거짓이든 시늉이든 위력에 굴복해서 전향서를 쓰는 것은 자신의 양심에 반하는 행위이고, 미세한 구멍이 팽팽한 타이어를 망가뜨리듯 한 사람의 영혼에 실금을 가게 만든다는 뜻이야. 때문에 정부는 전향에 집착했던 것이다. 그 집착의 강도를 느끼게 해주는 강용주의 증언. "장기수 중 한 분이 위암에 걸렸으나 교도 당국에서는 전향서를 쓰지 않는다고 치료해주지 않았다. 그분이 절명하자 교도 당국은, 죽은 자의 무인을 찍어서 죽기 전에 전향했다고 발표했다."

부당한 집착과 양심을 향한 집념의 대결에서 승리자는 강용주였어. 1999년 3월, 전향서를 끝내 쓰지 않고서 교도소 문을 나선 거야. 학교에 복학하고 의사도 되고, 그런대로 민주화된 세상에서 잘 살아가면 되는 거였지만 강용주는 또 다른 목표를 향해 집념을 불태워. 바로 보안관찰법과의 싸움이야.

보안관찰법은 국가보안법 위반 등의 혐의로 3년 이상 형을 받은 이들에게 적용되는데, 출소 이후에도 3개월마다 주요 활동 내역을 거주지 관할 경찰서에 신고해야 하는 법이란다. 이건 비행 청소년이나 형 집행정지를 받은 이들을 교도소에 가두는 대신 사회생활을 영위하게 하는 보호관찰과는 완전히 달라. 14년 동안 형기를 치르고 버젓이 사회생활을 하는 이도 경찰서에다가 자신의 일거수일투족을 보고해야 하고, 그걸 이행하지 않으면 범죄자가 돼버리는 게 보안관찰이야. 명백한 이중 처벌이고 인권 침해지. 하지만 또 어찌 생각하면 형식적으로 신고만 하면 아무 일도 없을 수 있어. 귀찮지만 몇 자 끼적여주면 평온한 일상을 맞을 수도 있거든. 이 갈림길에서 강용주는 또 한 번 '하지 않을 자유'의 깃발을 든단다.

일부러 신고를 하지 않았고 경찰에 체포됐으며 명색이 민주공화국 대한민국의 법정에 출두해 보안관찰법 폐지를 외친 거야.

"보안관찰은 제 삶을 과거로 묶어놓으려 합니다. 이미 32년 전에 발생했던 사건을 '재범'할 것이라고 멋대로 추측합니다(보안관찰법 관련 1심 최후진술)."

그의 최후진술을 꼭 읽어보기 바란다. 역사의 절벽에 길을 내고 자유의 계단을 놓는 집념의 표상을 엿볼 수 있는 글이다.

그 말미에 강용주 역시 만델라를 호출하더구나. "만델라는 이런 말도 했습니다. '어떤 일이 이뤄지기 전까지는 불가능한 것처럼 보인다'라고." 그래, 만델라가 투옥돼 있던 즈음 남아프리카공화국 흑인들에게 흑인 대통령이란 안드로메다처럼 멀었을 거야. 1980년 5월 강용주가 카빈총을 내던지고 전남도청에서 도망갈 때 7년 뒤 온 국민이 일어서서 독재 타도를 부르짖는 광경은 망상에 가까웠을 거야. 아직 우리는 사람의 머릿속을 재단하는 국가보안법과 이미 처벌받은 사람을 창살 없는 감옥에 가두는 보안관찰법이 당연하게 여겨지는 세상에 살고 있지만, 언젠가는 그것들이 케케묵은 잡동사니가 돼 역사의 뒤안길에 팽개쳐지는 날이 올 거야. 그날을 앞당기는 사람이 되라고는 하지 않겠어. 단, 그들을 지켜보자꾸나. 두 눈 뜨고 관찰하자꾸나.

2018년 12월 17일 대한민국 법무부 산하 보안관찰처분심의위원회는 17일 정례회의를 열고 강씨의 보안관찰처분 면제 결정을 내렸어. 이에 따라 법무부장관은 강용주에게 보안관찰처분 면제를 통보했지. 강용주는 이렇게 말했다. "지연된 정의는 정의가 아니란 말이 있지만 이렇게 정의가 실현돼 저로선 너무 의미가 깊다" 했다. 그래. 제때 실현되는 정의가 가장 아름답겠지만 때를 놓쳤다 해서 포기할 수 없는 게 정의겠지. 언젠가는 이뤄지리라 믿고 정의를 포기하지 않는 집념은 '지연될지언정' 역사를 움직여가는 거겠지.

1999년 3월 전향서를 쓰지 않고 출소한 강용주 씨는
오랜 보안관찰법 폐지 투쟁 끝에 면제 처분을 끌어냈다.

9부
한국을 뒤흔든 폭로

큰
역사를
일궈낸
'작은 거인'들

07

유곤룡, '회의 없는 믿음'이 부른
살인마 백백교를 폭로하다

일제시대 대표적 사이비 종교인 '백백교'의 교주 전용해는
사람 목숨을 파리보다 더 가볍게 여겼다.
자신의 심복인 '벽력사'들을 통해
반항하는 신도들을 모조리 잡아 죽였다.

1937년 2월 16일. 그해 음력설이 2월 10일이었으니 설 분위기가 채 가시지 않을 무렵이었지. 오늘날 서울 왕십리에 있던 한 집에서 소란이 일어났어. 건장한 한 청년이 영화처럼 1대 다수의 육박전을 벌인 거야. 여러 명이 청년을 향해 달려들었지만 그들은 오히려 청년의 기세에 눌리고 있었어. 청년이 휘두르는 몽둥이에 머리가 깨져나가고 나뒹구는 사람들이 늘어났고 어떤 풍채 좋은 중년 남성은 다른 사람에게 둘러 업힌 채 문 밖으로 빠져나갔어. 집 안에 있던 사람들이 뿔뿔이 흩어져 도망가자 그 뒤를 쫓아 몽둥이를 휘두르던 청년은 문득 발걸음을 돌린다. "주재소(파출소)로 가자. 이놈들이 떼로 몰려올지 모른다."

주재소에서 청년은 매우 황당한 사이비 종교의 존재와 교주의 만행을 폭로했어. '백백교白白敎'라는 이름의 종교였고 교주는 전용해라는 사람이었는데 머지않아 세상의 종말이 오고 백백교를 믿는 이들은 구원받는다는 미명 아래 사람들을 홀려 전 재산을 가로채고 부녀자들을 성적 노리개로 삼아왔다는 거야.

청년은 흥분해서 말했지. "나는 유곤룡이라 합니다. 해주에서 가장 큰 한약방인 구명당求命堂 주인이오. 그런데 조부님 때부터 우리 재산이 슬금슬금 없어지더니 급기야 우리 아버지는 여동생까지 데리고 이 백백교 소굴로 들어가버렸소. 여동생은 지금 교주의 애첩이 됐소. 내가 번 돈도 모두 바치겠다고 거짓말을 해서 교주님을 뵙자고 집으로 유인했던 겁니다."

교주 전용해는 전 재산 10만원을 바치라고 요구했고 유곤룡이 미적대는 모습을 보이자 화를 벌컥 냈다고 해. 이때다 하고 유곤룡은 본색을 드러내 전용해 일당을 때려잡기 시작했던 거지. 경찰들이 출동해 백백교 본부를 습격해 교인들을 연행해왔지만 교주 전용해는 온데간데 없었어. 그런데 잡혀온 이들을 조사하는 과정에서 일본 경찰은 오금이 저릴 만한 사실을 알게 된다. 일본 경찰은 아연 긴장해. '백백교'라면 일본 경찰에게 낯선 이름이 아니었거든. "이봐 모리야 순사부장! 1930년 백백교 사건 기억나지?"

백백교의 창시자는 전용해의 아버지 전정운이었어. 동학 혁명군의 지도자 전봉준의 먼 친척이었던 그는 역시 세상이 곧 멸망하고 백백교인만 구원받는다고 외치며 사람들을 끌어들였고 첩이 60명이나 되는 방탕한 생활을 하다가 1919년 죽었는데, 그와 그의 부하들이 여자들 몇 명을 생매장한 사건이 뒤늦게 발각됐어. 백백교 검거령을 내려 백백교를 소탕했다고 생각했던 일본 경찰은 아직도 그 교주 이하 조직이 시퍼렇게 살아서 경성 한복판에 똬리를 틀고 있었다는 사실에 경악해.

독립운동가를 고문하던 고등계 형사들이 대거 투입됐고 그들의 무자비한 '심문' 앞에서 백백교 신자들은 자신들의 엽기적 행각과 목격담을 털어놓게 돼. 대담하게 교주를 유인하고 그 부하들까지 두들겨 패는 용력을 발휘했던 유곤룡이지만 백백교의 내막을 상세히 알았더라면 절대로 세상에 폭로할 엄두를 내지 못했을 거야.

교주 전용해는 사람 목숨을 파리보다도 더 가볍게 여기는 악마였어. 이를테면 예배 도중 누군가를 지목하면 그 사람은 쓰러져 죽었어. "기도할 때 눈 뜨면 죽는다"라고 협박한 뒤 기도할 때 자신의 심복들을 시켜 목을 졸라 죽인 뒤 시신을 앉혀놓았던 거야. 이는 빙산의 일각일 뿐 자신의 뜻에 따르지 않거나 재산을 다 바치지 않거나 동요할 움직임을 보이는 신도들은 모조리 죽였어. 한 신도가 수상한 거조를 보여 조사했더니 백백교 고발장이 나온 일이 있었지. 전용해는 그의 12촌까지 다 죽이라 명령했고 그의 살인기계들인 '벽력사'들은 그 업무를 수행했어. 심지어 여신도들과의 사이에서 태어난 전용해 자신의 핏줄들도 다 죽였을 정도야. 후일 재판 과정에서 밝혀진 '벽력사'들의 범죄는 가히 세계사적이야. 170명을 죽인 김서진, 167명을 죽인 이경득, 127명을 죽인 문봉조. 도대체 어떻게 이런 일이 벌어졌을까?

문봉조라는 이의 말을 들어보자. "선생의 명령이니까, 신의 아들의 명령이니까 죄가 안 될 줄 알았습니다. 하나님 아들의 명령이라 할지라도 좀 더 생각해야 죄를 짓지 않았을 것을 생각하면 원통하고 부끄럽습니다." 폭로자 유곤룡의 아버지, 즉 전 재산과 딸까지 전용해에게 바친 유인호의 말은 더 우습다. "교주를 믿으면 잘 먹고 잘살며 불로장생 부귀한다기에……." 백백교가 아니어도 잘 먹고 잘살 수 있었던 사람인데 말이야.

'믿음'의 불길 아래 상식과 합리는 증발

재판정에서까지 백백교의 주문 "백백백의의의적적"을 읊으며 신앙을 고백하는 치들도 있었고 그때까지도 교주에 대해 존대를 잃지 않는 이들도 많았으나 그들 또한 자신이 왜 그렇게까지 교주에 절대적으로 순종했는지 스스로 궁금해했다고 해. 아빠는 그들을 그렇게 만든 것은 결국 '회의懷疑 없는 믿음'이었다고 봐. 전용해는 말세론과 눈앞에서 펼쳐지는 죽음의 공포를 통해 그들로 하여금 회의할 수 없게 했고, 의심을 품지 못한 이들은 '믿음'의 불길 앞에서 상식과 합리는 물론 인간성마저도 녹여버리고 말았던 거야.

얼마인지도 모를 수의 생명을 빨아들인 악마 전용해는 자살한 채 발견됐어. 인간의 두상으로 범죄 가능성을 예측할 수 있다는 골상학의 영향

사이비 종교 백백교의 진상을 보도한 《조선일보》 호외.

때문일까, 일제는 이 희대의 살인마 머리를 잘라 포르말린 용액에 담가두었고, 해방 후 국립과학수사연구소(현 국립과학수사연구원)로 인계됐다가 21세기에 들어서야 화장火葬을 치러 그 잔인함의 화신은 종적을 감추게 돼. 우스운 것은 위에서 말한 골상학 또한 많은 사람들이 '과학적인' 학문이라 여겨 숭상했으나 사실은 근거가 없는 사이비 과학이었다는 거야. "이 살인마의 머리를 보관하여 연구하자"라며 전용해의 머리를 표본으로 만들었던 일본인들 역시 잘못된 믿음에 사로잡혀 있었던 거지. 어쩌면 세상에서 가장 위험한 것은 이 '믿음'이라는 놈일지도 몰라. 1937년 식민지 조선 전체를 '충격과 공포'로 몰아넣은 유곤룡의 폭로는 '믿음'이 얼마나 끔찍한 괴물이 될 수 있는지를 처절하게 입증했어.

몇 년 전 아빠는 누군가에게 심하게 구타당한 듯 피멍이 든 채 거리를 배회하며 구걸하는 할머니를 취재한 적이 있어. 도대체 누가 조종하는 것이며 할머니는 왜 그러고 있는지 알기 위해서 뒤를 쫓다보니 할머니가 어느 사이비 종교에 남은 단 한 명뿐인 신도임을 알게 됐지. 아빠는 몰래카메라를 들고 할머니의 '인도'를 받아 '교주님'께 나아갔단다. 중국에서 도를 터득했다는 교주와 할머니는 중국어로 대화를 나누며 예배를 올리더구나. 할머니는 교주를 위해 구걸을 하며 돈을 가져왔고 피멍이 들게 맞으면서도 그를 숭배하고 있었던 거지.

아빠는 한국의 사이비 종교에 대한 연구서를 읽으면서 경악했단다. 이 '중국산' 사이비 종교는 당시에는 신도가 단 한 명 남았지만 왕년에는 꽤 큰 교세를 지니고 있었고 예배나 신도 착취 방식이 아빠가 본 모습이랑 똑같았어. 얼마나 많은 이들이 잘못된 믿음의 희생양이 됐을까. 아울러 그 책의 저자였던 탁명환 국제종교문제연구소 소장은 1994년 어느 광신도의 칼에 목숨을 잃었어. 범인은 탁명환 소장이 자신의 교회 목사를 음해했다고 주장했지. 아마 그는 "우리 목사님에게 못되게 구는 놈은 죽어도 돼"라는 믿음으로 범행을 저질렀을 거야. 칼을 휘두르면서 "할렐루야"를 외쳤는지도 모르지. 세상에서 가장 무서운 것은 '회의 없는 믿음'이란다.

사이비 종교를 고발하다 광신도의 칼에 찔려 사망한
고 탁명환 국제종교문제연구소장.

08

1934년 나혜석의 메아리 없는 외침,
"조선 남성 심사는 이상합니다"

'음탕한 여자'로 사회에서 고립된 나혜석은
〈이혼 고백서〉를 통해 봉건적 속박에 갇혀 있던
여성의 고통과 '도덕'이라는 이름의
위선, 남자의 비겁함을 골고루 고발했다.

동서고금을 막론하고 사람들은 "무덤까지 가져갈" 비밀을 만들어왔고 그
비밀이 폭로될 때 '멘붕'을 겪는 일을 되풀이해왔어. 지금은 감옥에 있는
최순실이라는 여성의 행적이 세상에 폭로됐을 때 얼마나 많은 사람들이
얼마나 크게 놀랐는지 기억하겠지. 한국 역사에는 그렇듯 '역사를 바꾼
폭로'들이 꽤 많았다.

　1921년 3월 19일, "여성 서양화가로 우리 조선에 유일무이한 나혜석

씨의 양화 전람회(《매일신보》기사)"가 열렸어. 이틀간의 전시회에 수천 명이 몰릴 만큼 전람회는 대성황이었다지. 그토록 많은 시선을 모았던 화가 나혜석. 그녀에게는 깊은 첫사랑이 있었어. 최승구라는 시인이었지. 최승구는 결핵으로 일찍 세상을 떠나고 말았어.

이후 귀국한 뒤 3·1항쟁에 참여해 감옥살이도 경험했던 나혜석은 화가로 활동하면서 자기를 묵묵히 지켜봐온 한 남자와 사랑을 나누게 돼. 일본 유학을 한 변호사 김우영. 그는 나혜석에게 청혼했다가 어이가 없어도 너무 없는 '조건'을 듣게 된다.

평생 나만을 사랑해달라는 첫째 조건이나 그림 그리는 것을 방해하지 말아달라는 둘째 조건 정도는 어렵지 않게 고개를 끄덕이겠는데 셋째부터는 좀 수위가 올라갔어. 시어머니와 전실 딸(김우영이 사별한 부인 사이에 낳은 딸)과 같이 살게 하지 말 것. 이조차 당시 조선 사회가 '며느리'에게 요구하는 의무를 송두리째 무시한 것이었지만 네 번째 요구는 정말이지 맹랑했단다. "최승구의 묘에 묘비를 세워주시오."

나혜석을 묘사할 때 빠지지 않는 단어가 '불꽃'이야. 이 불꽃 같은 여자는 자신에게 모든 것을 걸고 있는 남자 앞에서도 발갛게 달궈져 있었어. 김우영의 가슴이 그 불에 데든지 말든지. 김우영은 그 조건에 응한다. 어지간히 나혜석을 사랑했나 봐.

그렇게 결혼도 하고 아이들도 주렁주렁 낳고 일본 외교관으로 변신한 남편 곁에서 그녀는 꽤 행복해 보이는 시간을 보내. 당시 일본 외무성은 '오지'에서 고생한 외교관들에게 보상 차원에서 해외연수 제도를 시행하고 있었다는데 김우영 부부는 그 특혜 대상이 돼. 시베리아 철도를 타고 유럽으로 가서 꿈같은 유람을 하게 되는데 이 부부에게, 특히 김우영에게 악몽 같은 일이 발생한다.

부부는 프랑스 파리에서 3·1항쟁 당시 민족대표 33명 중 일인이었으나 일찌감치 변절한 최린을 만나게 돼. 남편은 독일로 법학 공부를 가고 나혜석은 파리에 남아 미술 공부를 하기로 했는데, 김우영은 친분이 있던 최린에게 아내를 돌봐달라고 부탁했다고 한다. 김우영도 나혜석의 10년 연상이었는데 최린은 김우영의 큰형님뻘이었으니 남녀 간의 일을 걱정할 일이 없다 싶었겠지. 놀랍게도 나혜석은 중년의 최린과 사랑에 빠져버렸어. 처음에는 나혜석과 최린 둘 다 뜨거웠으나 최린은 불이 아니라 뜨거운 물에 가까운 사람이었고, 펄펄 끓을 때가 지나자 금세 식어버렸어.

그렇게 대충 마무리가 된 듯했지만 귀국 후 나혜석이 최린에게 편지를 보낸 게 소문나면서 문제가 불거진다. 내용은 별거 아니었는데 최린이 경솔하게도 편지 온 사실을 주위에 떠들었고 소문은 엉뚱한 내용으로 와전돼 김우영의 귀에 들어가면서 사태는 막장으로 치달아. 김우영은 이혼을 선언하고 나혜석을 쫓아낸 뒤 자식들과의 인연도 끊게 한다.

나혜석은 '음탕한 여자'로 사회에서 고립됐고 곤궁함에 시달리지. 정작 불륜 상대였던 최린이나, 이혼 전에 보란 듯이 기생을 집에 끌어들였던 전 남편 김우영은 아무 일 없었다는 것처럼 편안하게 지내고 있었어. 나혜석은 여기에 분노해.

이후 1934년 잡지 《삼천리》에서 나혜석은 실로 놀라운 폭로를 감행해. 〈이혼 고백서〉. 김우영과의 결혼생활, 최린과의 만남과 연애, 그리고 이혼에 이르는 과정을 낱낱이 털어놓은 거야. 최린과의 관계에 대해 그녀는 이렇게 얘기해.

나는 결코 내 남편을 속이고 다른 남자 즉 C(최린)를 사랑하려고 하는 것은 아니었습니다. 오히려 남편에게 정이 두터워지리라고 믿었습니다.

구미 일반 남녀 부부 사이에 이러한 공연한 비밀이 있는 것을 보고, 또 있는 것이 당연한 일이요, 중심 되는 본부인이나 본처를 어찌 하지 않는 범위 안에서의 행동은 죄도 아니요, 실수도 아니라 가장 진보적인 사람에게 마땅히 있어야만 할 감정이라고 생각합니다.

남편과 '조선 남자'에게 겨눈 화살

드라마 속 바람둥이들을 보면서 "인간도 아니야"를 연발하는 네게는 나혜석이 이상한 여자로 보일 수 있을 거야. 남편 아닌 남자를 사랑했고 그 후로도 경솔하게 행동해 남편에게 상처를 줬으니까. 아빠도 그녀를 옹호하려는 건 아니다만 나혜석이 저렇게 말할 때가 지금으로부터 거의 90년 전이라는 걸 생각하면 절로 혀를 내두르게 된다. 무모하다고 할지 용감하다고 할지, 그녀는 남편과 '조선 남자'에게 화살을 겨눈다. 자신들은 대놓고 일탈을 즐기면서 여자의 일탈은 하늘을 무너뜨리기라도 하는 듯 펄펄 뛰는 남자들에 대해.

나혜석·김우영 부부(왼쪽)와 최린의 모습.
나혜석은 사회적 지탄을 받았지만 불륜 상대였던 최린이나
이혼 전 기생을 집에 끌어들였던 김우영은 비난을 받지 않았다.

조선 남성 심사는 이상합니다. 자기는 정조 관념이 없으면서 처에게나 일반 여성에게 정조를 요구하고 또 남의 정조를 빼앗으려고 합니다. ……상대자의 잘못을 논할 때 자기 자신이 청백할 것이 당연한 일이거늘 남자라는 명목하에 이성과 놀고 자도 관계없다는 당당한 권리를 가졌으니 사회제도도 제도려니와 몰상식한 태도에는 웃음이 나왔습니다. ……아아. 남자는 평소 무사할 때는 여성이 바치는 애정을 충분히 누리다가 체면이나 법률 앞에 서면 어제까지의 방자하고 즐거움을 누리던 몸을 돌이켜 오늘의 군자君子가 돼 점잔을 빼는 비겁자요 난폭자가 아닙니까. 우리 여성은 모두 이런 남성을 저주합니다.

아마 그녀가 조금 늦게 태어났더라면 그녀의 폭로는 더 많은 호응을 불러왔거나 '영웅'으로 떠올랐을지도 몰라. 하지만 그녀가 살았던 시대는 여자들에게는 상상 이상으로 가혹했어. 그녀는 이혼한 남편과 가족들은 물론, 자신을 보석같이 아꼈던 친정 오빠에게도 버림받았고 외롭게 거리를 헤매다가 쓰러져 죽고 말았다. 그녀가 〈이혼 고백서〉를 통해 자신의 가슴속을 풀어헤친 지 불과 14년 뒤인 1948년의 일이었지. 〈이혼 고백서〉를 쓰고 세상에 내보내면서 그녀는 그 최후를 예감했을까. 그녀는 고백서에서 이렇게 쓰고 있다.

"나는 거의 다시 일어설 기분이 없을 만큼 때리고 욕하고 저주함을 받게 되었습니다. 그러나 나는 결국 같은 운명의 줄에 얽혀 없어질지라도 필사의 쟁투에 끌리고 애태우고 괴로워하면서 재기하려 합니다."

나혜석은 〈이혼 고백서〉뿐 아니라 그녀의 삶을 통해서 봉건적 속박의 창살에 여전히 갇혀 있던 여성들의 고통, 지극히 편파적으로 작용했던 도덕이라는 이름의 위선, 자신들의 일탈은 '영웅호색英雄好色'이나 여성들의 일탈은 돌이킬 수 없는 죄로 몰았던 남자들의 비겁함을 골고루 고발했어. 너도 그녀의 〈이혼 고백서〉를 읽어보았으면 좋겠다. 한번쯤은 그 삶을 찬찬히 살펴볼 만한 여성 나혜석의 필생을 건 폭로를 말이야.

《삼천리》에는 나혜석의 폭로가 담긴 '우애결혼,
시험결혼''이혼 고백서'가 실렸다.

09

이병국·윤덕련·김대운,
악취 나는 국민방위군 사건을 들추다

한국전쟁 당시 '국민방위군 사건'은
최대의 국방비리 사건이었다.
50만 명의 예비 병력을 확보해놓고 보급품과 식량을 간부들이
가로채는 바람에 많은 장정이 추위와 굶주림으로 죽었다.

한국전쟁 때 "눈보라가 휘날리는 바람찬 흥남부두"를 떠나 남으로 온 할아버지 가족은 제주도에 상륙하게 돼. 고달픈 피란살이 중의 어느 날 할아버지는 기묘한 경험을 하게 된다. 나이 어린 여동생과 함께 항구 주변을 걷던 할아버지는 큼직한 수송선 위에서 "얘들아!" 하고 애타게 부르짖는 청년을 발견해. 깡마른 얼굴의 그는 두 손을 싹싹 빌면서 밧줄을 늘어뜨리고 있었다는구나. "얘들아 배가 너무 고프다. 뭐든 먹을 걸 밧줄에 매다오."

배고프기는 마찬가지였지만 할아버지는 그 청년이 너무 불쌍해 보여 할아버지 남매의 그날 점심이었던 감자를 밧줄에 달린 주머니에 넣어주었다고 해. 감자 몇 개를 낚은 청년은 눈물을 흘리며 고맙다는 말을 수십 번 한 뒤 배 안으로 사라졌어. 얼마 뒤 이 얘기를 사람들에게 했더니 매우 낯선 단어 하나를 접하게 됐어. "그 사람들 국민방위군이다."

국민방위군 사건이란 한국전쟁 때 중공군의 개입으로 한국 정부가 다시 남쪽으로 후퇴하면서 북한 인민군이 '의용군'이라는 이름으로 남한 청년들을 징발했던 사태가 재발되지 않도록 막고, 예비 병력을 확보하고자 군 입대 연령의 청년 약 50만 명을 소집한 데에서 비롯됐다. 이 생때 같은 장정들을 구름처럼 모아놓고는 보급품과 식량을 몇몇 간부들이 홀랑 가로채고 말았어. 하늘도 노할 도둑놈들이 그 막대한 돈과 물량을 삼키는 동안 정확히 얼마인지도 모를 수의 젊은이들은 엄동설한에 얇은 군복 하나 입고 소금국 먹으며 '행군'하다가 굶어죽고 얼어죽고 돌이킬 수 없는 상처를 입고 말았지.

1951년 2월, 국민방위군 작전처장 이병국 중령은 미군 헌병대로부터 뜻밖의 전화를 받아. "수만 명의 거지 떼 같은 장정들이 문경새재를 넘어가고 있소." 악에 받친 국민방위군 장정들이 대규모로 탈주하던 때였지. 이병국 중령은 나는 듯이 현지로 달려갔지만 말이 통할 상황이 아니었어. "죽더라도 고향에 가서 죽겠소." 이병국 중령은 충남도청에 긴급 의뢰하여 장정들에게 쌀을 지급한 뒤 다시 후방 경상도로 이들을 이끌고 가려 했는데 문경새재를 넘어 내려오던 장정들은 주저앉고 말았어. "우리를 다시 죽이려고 데려가는 겁니까." 이병국 중령은 마이크를 잡고 무슨 말이든 해보려 했지만 그만 서러워서 울음을 터뜨렸고 장정들도 함께 땅을 치며 통곡했다고 해(《동아일보》 1974년 2월 11일 자). 보급품도 무기도 식량도 없이 수십만 '대군'을 건사하라는 명령을 받은 군인과 굶어죽으나 탈영병으로 죽으나 마찬가지였던 '예비' 군인들은 그렇게들 목 놓아 울었다.

한두 명도 아니고 수십만의 청년이 요즘 말로 하면 좀비처럼 온 나라를 헤매고 있으니 어떻게 눈에 띄지 않을 수가 있겠니. 이럴 수는 없다는 얘기들이 오가고 국회에서도 문제가 됐지만 국방부장관 신성모를 비롯한 고위지휘관들은 코웃음을 쳤어. 병력 이동 중에 발생하는 불가피한 손실이라고 둘러대는 건 기본이고, 신성모는 이렇게 일갈한다. "국민방위군 문제 역시 불시적인 사태였음에도 희생자가 '아주 적게 난' 것은 국민에게 아주 행복스럽게 생각하지 않을 수 없습니다. 그러니 제5열(즉, 간첩이나 불순분자)의 책동에 동요되지 마시기 바랍니다." 국회의원들이 난리를 치고 대통령에게까지 얘기가 들어가서 헌병대의 조사가 시작되는 상황에서도 신성모는 헌병대 조사관을 불러 이렇게 얘기하고 있었어. "조사는 철저히 하되 김윤근 국민방위군 사령관은 구속시키지 마시오."

보급품도 무기도 식량도 없던 50만 대군

많은 이들이 분노했어. 그 가운데에는 수사를 담당했던 헌병사령관 최경록 장군의 장모 윤덕련 여사도 있었어. 그분은 야당 의원들을 직접 만나 사위가 수사 중인 국민방위군의 내막과 수사 상황까지도 털어놓았어. "장정들이 굶어죽어가는데 국민방위군 지휘관들은 가는 곳마다 첩을 두고 살고 있어요." 당시 장군들 가운데에서는 꽤 강직하다고 이름났던 최경록 장군이 장모를 부추겼는지도 모르지만.

참상은 눈에 보이고 윤곽도 그려지는데 확실히 국민방위군 지휘관들의 멱살을 거머쥘 만한 내부 증언이 아쉬운 상황. 후일 7선 국회의원으로 성장하게 되는 청년 이철승 역시 국민방위군의 실체를 까발리기 위해 발버둥치고 있었어. 국민방위군으로 끌려간 동료들의 참상을 접하고 이를 갈고 있던 그는 피란 수도 부산에서 깔끔한 미군 장교복을 차려입은 사람 하나와 마주친다.

"어, 김대운 씨 아니오? 웬 장교복이오?" 김대운은 북 치고 장구 치는 재주가 있는 풍류꾼이었지만 장교복 입을 사람은 아니었거든. 그러자 김대운은 큰소리를 쳤다. "국민방위군 정훈공작 대장을 몰라본단 말이오?" 무슨 조화를 부렸는지 김대운은 국민방위군 정훈공작대 산하 '국악연예대國樂演藝隊'를 거느리고 있었고 상관들 술자리에서 풍악을 제공하거나 미인계로 누군가를 매수하기도 하는 아름답지 않은 임무를 수행하는 장본인이었지. 당연히 그는 국민방위군 수뇌부의 사정을 손바닥 보듯 들여다보고 있었어.

이철승이 술을 권하며 김대운의 장단을 맞춰주자 그는 놀라운 얘기를 털어놓기 시작해. "국민방위군 간부들이 돈을 가마니로 돌리고 있어요

예비 병력으로 소집된 국민방위군이 늘어서 있다.
이들은 주먹밥이나 감자를 먹으며 버텼다.
© Google 갈무리

《동아일보》 1974년 2월 15일 자)." 국민방위군 내부의 정보를 목 놓아 기다리던 국회의원들도 합세하여 "국민방위군의 진실을 밝히는 애국자"로 김대운을 치켜세우자 더욱 우쭐해진 김대운은 자신이 알고 있던 국민방위군의 실상을 홍수같이 토해놓았어. 그 실상은 국회의원들이 기가 질려버릴 정도였지.

국민방위군 지휘관들은 국회 조사단마저 매수하거나 눈을 속이려고 발버둥쳤어. 부산의 국민방위군 집결지를 방문한 국회조사단은 뜻밖에 고깃국을 먹고 있는 장정들을 만나게 돼. 뼈와 살이 붙어버린 몰골로 보아 그들의 일상이 고깃국과 거리가 멀다는 걸 금세 알 수 있었지만 장정들은 입을 다물었어. 국회의원 장홍염이 "여러분의 실정을 알고 왔는데 거짓말을 하니 도와줄 수 없다." 일장연설을 하자 한쪽에서 흑흑 울음소리가 삐져나왔고 울음은 전염이라도 되듯 연병장을 통곡으로 가득 채우고 말았어. 세상에서 가장 슬픈 무언無言의 폭로.

국민방위군 지휘관들만 배를 채웠다고 보기에는 빼돌린 물자와 돈이 어마어마했어. 이승만 정권이나 기타 권력층에게로 흘러간 심증도 있었지만 그 몸통까지는 이르지 못하고 김윤근·윤익헌 등 국민방위군 지휘부를 사형시키는 것으로 이 사건은 서둘러 마무리된단다. 1951년 4월 30일 국회는 국민방위군 해산을 결의했는데 그로부터 9일 뒤 당시 대한민국 부통령이자 이승만 대통령으로부터 존대를 받던 원로였던 성재 이시영은 부통령을 사임하면서 이렇게 통렬한 고백을 남긴단다. "……탐관오리는 가는 곳마다 날뛰어 국민의 신망을 상실케 하며, 나아가서는 국가의 존엄을 모독하여서 신생 민국의 장래에 어두운 그림자를 던지고 있으니 이 얼마나 눈물겨운 일이며 이 어찌 마음 아픈 일이 아닌가.……관의 기율이 흐리고 민막民瘼(국민을 괴롭히고 나라를 망치는 정치 때문에 국민이 고생하는 일)이 어지러운 것을 목도하면서도 워낙 무위무능 아니하지 못하게 된 나인지라 속수무책에 수수방관할 따름이니 내 어찌 그 책임을 통감하지 않을 것인가."

탐욕 앞에 속수무책이었고 범죄를 두고 수수방관했던 나라. 그래도 뭔가를 하려고 했던 사람들, 밝히고자 했던 사람들에 의해서 그 나라의 민낯은 서러울 만큼 느릿느릿 까발려졌어. 비록 그 치부를 완전히 해 아래 내놓지는 못했지만.

신성모 국방부장관(왼쪽)은
국민방위군 보급품 착복 사건을 축소·은폐하려 했다.
ⓒ Google 갈무리

10

박정희 정권의 엉덩이를 콕콕 찔러댄
지학순 주교의 양심선언

긴급조치가 서슬 퍼렇게 쑥물 들고 있을 때에도
원주교구 지학순 주교는 꼿꼿이 세운 양심으로
국가권력에 맞서 그 안에 감춰진 추악함을 적나라하게 폭로했다.
이후 많은 이들이 그의 외침을 이어받았다.

1972년 10월 17일 오후 7시, 박정희 대통령의 카랑카랑한 목소리가 대한
민국을 울렸어. "······오늘의 이 역사적 과업을 강력히 뒷받침해주는 일
대 민족 주체 세력의 형성을 촉성하는 대전기를 마련하기 위해 다음과 같
이 약 2개월간 헌법 일부 조항의 효력을 중지시키는 비상조치를 국민 앞
에 선포하는 바입니다." 이른바 10월 유신의 출범이지.

이 시대를 '제4공화국'이라 일컫긴 한다만 차마 공화국이라고는 부르

기 민망한 때였어. 유신 첫해 12월 23일 통일주체국민회의 대의원 총 2,359명이 투표를 했는데 박정희는 2,357표를 얻는다. 북한 역시 "100퍼센트 투표, 100퍼센트 찬성"을 자랑하고 있었던 바, 그즈음 남북한의 정치는 남북이 '한 핏줄'임을 극명하게 입증하고 있었지. 하지만 그 시기는 남북 각각에 또 하나의 출발점이기도 했다. 그 후로 북한은 사실상 세습 왕국으로 전락하고 말았지만 남한은 '민주주의'를 향한 길고도 험난한 여정에 나섰으니까.

가톨릭 성가 28장의 가사 1절은 이런 내용이야. "불의가 세상을 덮쳐도 불신이 만연해도 우리는 주님만을 믿고서 살렵니다. 얼마나 많은 사람이 죽어들 가는가. 어둠에 싸인 세상을 천주여 비추소서." 가톨릭 성가를 소개하는 이유는 유신의 암흑기에 등불처럼 빛났던 한국 가톨릭의 역사에 경의를 표하기 위함이야.

유신이 선포되던 날 가톨릭의 수장 김수환 추기경은 이탈리아 로마에 있었어. 유신 소식을 들은 김수환 추기경은 단호하게 이야기해. "박 대통

민청학련 사건으로 구속되었다가 석방된 지학순 주교.

령이 이렇게 정권욕에 눈이 멀어 장기 집권을 하면 나라만 불행해지는 게 아니라 그 자신도 결국 불행하게 끝날 것입니다"(이충렬, 《아, 김수환 추기경 1》). 얼굴이 창백해진 외교관들 앞에서 김수환 추기경은 오금을 박아버렸어. "이 말을 꼭 대통령께 보고하시오."

김수환 추기경의 절친한 친구 가운데 지학순 주교라는 분이 있어. 지 주교의 고향은 평안도 중화였어. 공산주의자들과 부딪친 끝에 남쪽으로 왔고 전쟁이 터지자 신학생 신분을 벗어던지고 군에 입대해 인민군과 맞서 싸운 분이야. 전장에서 부상을 입고 제대한 후 그는 사제 서품을 받았고 친구 김수환·윤공희 등과 함께 한국 천주교의 지도자로 성장하지.

박정희 대통령이 설립한 5·16재단은 1970년 원주문화방송을 지으면서 원주 가톨릭교회에 제휴를 요청하게 돼. 지방 소도시에 방송국 설립 자본을 감당할 기업이나 유력자가 없었던 거지. 원주교구 주교였던 지학순 주교는 이를 허락하고 공동출자해서 방송국을 설립하게 되는데 5·16 재단이 권력을 믿고 온갖 수단으로 돈을 빼돌려 배를 채우는 걸 발견해. 시정을 요청했지만 받아들여지지 않자 지학순 주교는 바로 행동에 나섰지. 1971년 10월 5일 시민 1,500명이 운집한 가운데 '부정부패 규탄대회'를 연 거야. 대학생 시위가 아닌 일반 신자와 시민 중심의 '가두 투쟁'은 한국 역사상 거의 처음이었다고 해. 유신체제 성립 후 지학순 주교의 강론은 더욱 날카로워지고 그의 말은 바늘이 되어 박정희 정권의 엉덩이를 콕콕 찔러댔어. 박정희 대통령이 김수환 추기경더러 "지학순 주교를 해임해주시오!" 요청하기도 했지. 사실 주교 임명은 로마 교황의 권리이며 추기경이 주교를 해임하고 말고 할 수는 없어.

다른 지역의 민주화 운동가나 학생들에게 원주는 일종의 소도蘇塗이자 피난처였어. 수많은 사람들이 원주에 와서 성당의 보호를 받거나 지학순 주교가 쥐어주는 돈을 받아 도피 자금으로 썼다. 그 가운데에는《타는 목 마름으로》를 쓴 시인 김지하와 후일 북한과 연계된 반정부 조직으로 규 정돼 사형선고를 줄줄이 받게 되는 '민청학련' 조직 소속 학생들도 있었 어. 수사 과정에서 민청학련 활동자금을 북한에서 나온 것으로 조작하려 는 공안 당국에 맞서서 김지하는 그 돈이 지학순 주교로부터 나온 것임을 밝히게 돼. 그러자 정부는 해외 회의에 참석했다가 돌아오는 지학순 주교 를 냉큼 연행해버렸어.

　주교는 가톨릭의 고위 성직자야. 그 주교를 공항에서 내리자마자 잡아 채간 것은 중대한 문제였지. 가톨릭 내 분위기가 심상치 않게 돌아가면서 지학순 주교는 수녀원에만 머문다는 조건으로 석방된다. 그러나 지학순 주교는 하릴없이 수녀원이나 병원에서 시간을 보낼 사람이 아니었어. 사 형선고가 교통위반 딱지처럼 뿌려지던 상황에서 그는 사람들을 구하기 위해서는 자신도 감옥에 가야 한다고 결심해. 군법회의 재판에 출두하라 는 소환장이 오자 지학순 주교는 '양심선언문'을 써서 세상을 향해 읽어 내렸어.

"거짓은 참을 이길 수 없다"

　소위 유신헌법이라는 것은 1972년 10월 17일에 민주헌정을 배신적으 로 파괴하고 국민의 의도와는 아무런 관계없는 폭력과 공갈과 국민투 표라는 사기극에 의하여 조작된 것이기 때문에 무효이고 진리에 반대 되는 것이다. 소위 유신헌법이라는 것은 국민의 기본 인권과 기본적인 인간의 품위를 짓밟은 것이다. 반대 의사를 말하면 사형이나 종신징역 에 처할 수 있다는 소위 긴급조치 1호와 4호라는 것은 우리나라 오랜 역사상 가장 참혹한 자연법 유린의 하나다.……이상 기록한 것이 나의 기본적 주장이며 생각이다. 이 외에 어떠한 말이 나오더라도 나의 진정한 뜻에서 나오는 말이 아니라 타의에 의한 강박에서 나온 것임을 알아 주기 바란다.

'반대 의사를 말하면 사형이나 종신징역에 처할 수 있는' 긴급조치가 서슬이 시퍼렇게 쑥물 들고 있을 때였고, 지학순 주교는 징역 15년이라는 어마어마한 형량을 선고받았단다. 지학순 주교는 송곳처럼 꼿꼿하게 세운 양심으로 권세와 폭력을 치렁치렁 매단 국가권력과 맞섰고 그 안에 감춰진 추악함을 적나라하게 세상에 폭로했어. 유신헌법은 우리가 치워야 할 쓰레기일 뿐이고, 자신이 무슨 회유나 고문을 받아 엉뚱한 소리를 하게 되더라도 진실은 결코 본인의 양심선언에서 벗어나지 않으리라는 외침은 이후 김지하를 비롯한 많은 이들이 이어받게 된단다.

"거짓은 참을 이길 수 없다. 진실은 침몰하지 않는다." 지난겨울 참 많은 이들이 수천 번 부른 노래다만, 항상 참이 거짓을 이기는 건 아니고 진실은 때론 기나긴 시간 수면 아래 잠겨 있기도 해. 결국 참의 손을 들어주고 진실을 건져 올리는 건 그 시대를 사는 사람들의 손과 발, 그리고 어깨와 머리야. 징역 15년을 선고받았으나 200여 일 만에 석방된 지학순 주교가 원주로 돌아왔을 때의 풍경은 그 이후 한국 역사가 어떻게 흘러갈지를 보여주는 프롤로그였다고 생각해.

그때 원주 인구는 10만 명이 좀 넘었는데 3만 명이 원주역으로 모여들었어. "우리 주교님 오신다!" 중·고등학생 밴드의 힘찬 연주 속에 사람들은 지학순 주교 만세를 부르며 그들의 사제를 맞았고 청년들은 경의의 표시로 웃옷을 벗어 땅에 깔아 지학순 주교로 하여금 그 위를 걷게 했다. 칼

바람이 나라를 휩쓸고 있었지만 그곳에 모인 사람들은 결코 양심이 패배하리라, 진실이 꺾이리라 생각하지 않았을 거야. 네가 이런 역사를 알고 또 자랑스러워했으면 좋겠다. 우리나라는 "총칼에도 굴하지 않고 어떤 안락에도 굴하지 않고(노래 〈지금은 우리가 만나서〉 중에서)" 어둠을 폭로하고 빛을 향해 걸었던 사람들이 끊이지 않은 나라란다.

1975년 7월 20일, 지학순 주교(가운데)가 환영 인파와 함께
원주 원동성당을 향해 거리행진을 하고 있다.
ⓒ천주교정의구현전국사제단

11

혁명을 위해 성을 도구화한다고 낙인찍혔던 '권 양'

권인숙 씨가 성고문 사실을 폭로했을 때
전두환 정권은 사건을 축소하려 했다.
"혁명을 위해 성까지 도구화한다"라며 공격했다.
하지만 침묵하지 않고 폭로해 세상에 진실을 알렸다.

1980년대, 수백 명의 목숨을 아무렇지도 않게 집어삼킨 전두환 정권이 들어서고 대학 캠퍼스 안에까지 전경들이 버젓이 진을 치는 암흑기가 이어지면서 일부 학생들 역시 인생을 건 저항을 시도하게 돼. 그중의 하나가 '현장으로 들어가기'였어.

1930년대 브나로드 운동이나 1970년대 각지에서 열렸던 야학夜學처럼 노동자나 농민들을 '가르치고 일깨우는' 것에 그치지 않고, 아예 민중 속으로 파고들겠다는, 즉 스스로 노동자가 되어 미싱을 타고 기계를 만지면서 민중의 일원으로서 독재정권 및 사회적 모순과 싸우겠다는 결의였지. 대학생으로서 기득권을 버리고, 부모의 간절한 기대도 눈감고, '내가 민중을 돕는다'는 시혜施惠 의식까지 내던지고 전국 각지의 공장으로 스며들었던 몇 명인지도 모를 젊음들은 한국 역사의 저물지 않는 빛으로 남아 있을 거야. 서울대학교 의류학과 학생 권인숙도 그 빛 알갱이 중 하나였어.

권인숙의 꿈은 세계적인 패션 디자이너였다고 해. 이름을 읊다 혀 깨물 것 같은 서양의 꼬부랑 이름 디자이너들이 그녀의 로망이었다. 또 여고 시절 박정희 대통령이 죽었을 때는 통곡을 하며 나라 망했다고 슬퍼할 정도로 '국가관'이 충실한 소녀였어. 대학에 입학하면서 그녀의 핑크빛 꿈은 급속히 잿빛과 핏빛이 뒤섞인 현실에 압도되고 말았단다. "……전 인구의 70퍼센트가 넘는 노동자·농민의 수와 0.1퍼센트밖에 안 된다는 재벌과 권력층의 수와 대비한다면, 그들 두 계층 간의 생활상 차이는 최저 생계비에도 못 미치는 월급으로 수 명이 매달려 살고, 1,000여 평의 호화스러운 주택에 몇 명이 사는 바로 그것이었습니다"(권인숙의 항소이유서 중에서). 패션 디자이너를 꿈꾸던 서울대생 권인숙은 허명숙이라는 이름의 '공순이'(당시 여성 노동자를 천시해서 부르던 말)가 되어 공장으로 간다.

1986년 6월 4일 가스배출기 제조업체 노동자 허명숙, 즉 권인숙은 위장취업자임이 드러나 주민등록증 위조 혐의로 부천경찰서에 연행됐어. 이윽고 그녀는 그곳에서 지옥과 악마를 모두 경험하게 된다. 담당 형사였던 문귀동에게 말로 표현하기조차 끔찍한 성고문을 당한 거야. 경찰의 탈을 쓴 악마가 어떻게 권인숙을 대했는지 네게 설명하기란 여간 어려운 일이 아니구나. 권인숙의 항소이유서 중 한 부분을 빌린다. "여자로서 참을 수 없는 성적 추행을 당하고, 눈만 감으면 나타나던 문의 두꺼운 입술과 지퍼를 푼 채 드러낸 성기와 귀에 쟁쟁한 심한 욕설." 어떤 허약한 아버지라도 딸이 이런 일을 당했다면 그 일을 자행한 악마를 맨손으로 때려죽일수 있을 거야. 1986년 대한민국은 그 원초적 분노마저도 막아서는 공포의 시대였어.

권인숙은 이 사실을 가족에게 알리고 가족이 선임한 변호사에게 털어놨으나 그들은 오히려 권인숙보다 더 공포에 질려버렸어. "그런 짓까지하다니 이 나쁜 놈들!"보다 "이 나쁜 놈들이 무슨 짓을 더 할지 모른다"는두려움이 앞서고, 여자로서 이 모든 충격을 감당해야 할 권인숙의 미래가막막했던 거지. 가족들은 이 사실을 세상에 드러내지 말라고 간절히 권유했어. 아버지 어머니는 만약 성고문을 폭로한다면 약을 먹고 죽겠다고 울먹였고 가족들이 선임한 변호사는 만약 권인숙이 입을 닫는다면 기소유예 정도로 풀려나 새로운 삶을 시작할 수 있다고 설득했지. 심지어 언니는 이런 편지를 보내. "네가 그것을 계속 문제 삼고 나온다면 부모님이아마 돌아가실지 모른다."

무슨 가족이 그러냐고? 말이 안 된다고? 아니야. 1986년 당시로서는지극히 정상적인 가족이었어. 그저 대한민국이 말이 안 되는 나라였던 거야. 말이 안 되는 시대. 도무지 말이 말 같지 않은 시대. 말을 하려 해도말문이 막히는 시대.

한 여성으로서, 아니 인간으로서 견디기 어려웠던 극한의 기억에 괴로워하던 권인숙은 마침내 자신이 당한 일을 세상에 밝히고, 사람이기를 포기한 정권과 그 하수인의 만행을 고발하기로 결심한다. 인권변호사 조영래 등이 치를 떨며 작성한 고발장은 글자 그대로 대한민국을 뒤흔드는 태풍의 눈으로 인천지검에 제출됐어. 1986년 7월 3일.

전두환 정권이 워낙 경찰을 편애해서 그랬을 수도 있지만 당시 검찰은

이 범상치 않은 고발의 진위를 밝히려고 노력했어. 사태의 심각성을 직감한 정권은 완강했지. '관계기관 대책회의'는 이런 지시를 내렸어. "수사 발표문이든 보고서든 성고문의 '성' 자도 나오면 안 된다." 이후 수사 보고서는 둔갑술 수준으로 뒤바뀐다. 권인숙을 "혁명을 위해 성性까지 도구화하는 급진 세력의 전술"을 벌인 붉은 마녀쯤으로 낙인찍은 거지.

　이게 얼마나 말이 안 되는 일인지는 당시 검사들의 반응을 보면 안다. "담당 검사가 들어와 대성통곡을 했고, 지검장도 회의가 끝난 뒤 문을 걸어 잠근 채 소리 없이 울었다고 한다. 모 국장은 술에 취한 채 김성기 법무장관의 차 앞에 누워 부천서 사건에 대해 확실한 말을 하기 전에는 댁으로 갈 수 없다며 울면서 발버둥쳤다(《한홍구의 역사 이야기》,《한겨레21》 제582호)." 악질 형사 문귀동은 '기소유예'로 석방됐다.

부천서 성고문 사건의 주범 당시 문귀동 경장.

권력의 주구라 할 검사들마저 넋을 잃게 만든 성고문 사건도 금세 세간의 관심사로 떠오르지는 않았다고 해. "여자가 그런 걸 까발리나? 독한 것들" 하며 혀를 차는 사람이 더 많은 나라였으니까. 이 기막힌 상황 앞에서 먼저 절규하고 나선 건 여성들이었어. 1986년 7월 28일 서슬 퍼런 인천지방검찰청 현관에 불길이 솟아올랐다. 화염병 몇 개 던지고 도망가는 수준이 아니라 아예 현관에 시너를 뿌리고 불을 붙인 대담한 사건이었지. 고려대 여학생 장근영·박은미·김영진 세 명이 한 일이었어.

마침내 침묵하던 사람들이 말하기 시작했어. "이게 말이 되느냐. 어떻게 이런 일이 있을 수 있느냐." 무려 변호사 199명이 변호인 선임계를 냈고 그들은 이렇게 부르짖었어. "권 양의 모든 주장은 단 한 치의 거짓도 없는 진실이다. 이 전대미문의 만행의 진상이 백일하에 공개되고 그 관련자들이 남김없이 의법 처단되기 전까지는 이 나라의 모든 국민과 산천초목도 결코 잠잠하지 않을 것이다." 그리고 1986년 11월 21일 인천지법 법정에서는 아빠 개인적으로 대한민국 역사상 최대 명문名文 중의 하나로 꼽는 변론 요지문이 낭독된다. 그 글을 밤새 쓰며 담배 몇 갑을 태웠던 조영래 변호사의 작품이었지.

권 양(당시 언론에는 이름 없이 권 양으로만 표기됐어), 우리가 그 이름 부르기를 삼가지 않으면 안 되게 된 이 사람은 누구인가? 온 국민이 그 이름은 모르는 채 그 성만으로 알고 있는 이름 없는 유명 인사, 얼굴 없는 우상이 되어버린 이 처녀는 누구인가. 그녀는 무엇을 하였는가. 그 때문에 어떤 일을 당하였으며 지금까지 당하고 있는가?……국가가, 사회가, 우리들이 그녀에게 무엇을 하였으며 지금까지도 하고 있는가에 대하여 이야기하고자 합니다.

기억하렴. 대체 무슨 일이 있었으며 우리는 무엇을 하였는가. 그리고 저들은 무슨 일을 했던 것인가. 아무도 모를 수도 있었다. 권인숙은 그저 성난 개에 물린 거려니 눈 딱 감고 순순히 풀려날 수도 있었다. 하지만 그러지 않았어. 그 공포의 시대에도 사람들은 진실을 폭로했고, 진실을 위해 일어났어. 시녀를 검찰청에 들이부었고 말이 안 되는 짓을 자행하는 이들을 향해 손가락질하고 악을 쓰며 대들었어. 그 의로운 에너지. 그게 대한민국을 이룬 힘이란다.

부천서 성고문 사건의 피해자인 권인숙 씨(오른쪽)가
조영래 변호사와 법원을 나서고 있다.

10^부

잊혀진
영웅들

큰
역사를
일궈낸
'작은 거인'들

12

이시중·오기수, 편지 한 통에 목숨 바친 집배원들

1923년 이시중 집배원은 장맛비에 불어난
개울을 지나다 급류에 휘말렸다. 1980년 오기수 집배원은 《농민신문》을 전하고
돌아오다가 눈보라 속에서 숨졌다.
이들은 끝까지 우편물을 놓지 않았다.

역사는 걸출하고 훌륭한 사람들만이 평가받는 무대라고 착각하기 쉽지.
하지만 역사는 결코 승자로 구성된 우주가 아니란다. 영화 〈라디오 스타〉
의 명대사처럼 "자기 혼자 빛나는 별은 없고, 별은 다 빛을 받아서 반사
하는" 거라고나 할까. 별빛은 그를 둘러싼 어둠 속에서 더욱 빛나고 누군
가 기억되지 않는 빛을 반사하면서 더욱 밝고 커지는 거지. 한국 역사에
도 도드라지지는 않았으나 자신의 임무를 다하고자 목숨을 걸었던 '음지

속의 영웅들'이 있단다.

갑신정변(1884)을 기억하겠지? 김옥균 등 급진개화파 인사들이 수구파 대신들을 제거하고 정권을 잡고자 일으킨 정변. 배경이 된 곳은 우정총국郵征總局의 낙성연, 즉 근대적 우편 정책을 시행할 건물의 완공 축하 파티 장이었고, 이 우정총국 설립의 주역은 개화파 홍영식이었어. 보빙사報聘使로서 태평양을 건너가 미국을 방문한 그는 근대적 우편제도의 필요성을 크게 느꼈고, 귀국 후 조선에도 이를 도입하자고 강력히 주장했지. 결국 고종의 동의를 얻어 우정총국을 설치하게 돼.

우정총국 준공 축하연에서 갑신정변이 시작되고 그가 주도한 개화파 세상이 단 사흘 만에 끝나버리면서 근대적 우편 정책의 시행은 10여 년이나 늦춰지고 말았어. 머지않아 일제강점기를 맞이하면서 대한제국의 우편체제는 일본에 접수됐지.

근대적 우편제도든 과거의 파발제도든 공통점이 있다면 결국 사람의 손으로 사람에게 우편물이 전해진다는 거였지. 집배원(우편배달부·우전원 등으로도 불렸지만 여기서는 집배원으로 통일한다) 업무는 예나 지금이나 격무였어. 1940년 3월 12일 자《동아일보》에 이런 기사가 실려 있네. "천

1980년대 서울시 한 주택가에서 집배원이
편지 수취인의 이름을 외치고 있다.

여 호가 사는 강화읍에 집배인은 단 한 명." 강화읍 집배원은 하루에 무려 우편물 450여 통을 소화했다니 얼마나 고된 일이었는지 알 수 있지 않겠니.

1923년 7월 22일 장맛비가 무섭게 내리던 날이었지. 장맛비라고 우편물이 그칠 리 없는 노릇. 이시중이라는 이름의 집배원은 우편물 가방을 챙겨 길을 나섰어. 그의 담당 구역은 오늘날의 전주시 평화동 2가인 우림·나전면 일대. 장맛비에 불어난 개울이 그의 발길을 가로막았어. 개울만 건너면 엽서를 배달할 수 있겠는데⋯⋯.눈대중을 해봤지만 물살은 너무 거셌지. 궁리 끝에 이시중 집배원은 개울 건너편 사람들에게 소리를 쳐. "여기요. 엽서 좀 받아서 마을의 아무개에게 전해주시오. 내가 돌에다 우편물을 비끄러매서 던질 테니까." 이시중 집배원이 힘껏 돌에 묶은 엽서를 던진 것까지는 좋았는데 지켜보던 사람들이 '어어~' 아쉬운 탄성을 질렀어. 돌멩이에 묶은 줄이 풀려서 우편물들이 그만 개울에 빠져버린 거야. 떠내려가는 우편물들을 눈으로 좇으며 안타까워하던 사람들은 뜻밖의 소리에 고개를 돌린다. 첨벙! 그건 이시중 집배원이 개울에 뛰어드는 소리였어. 마침내 우편물 묶음을 움켜쥐었지만 그는 개울에서 나오지 못했다. 하류의 바위에 걸린 채 시신으로 발견된 그의 손에는 악착같이 우편물이 쥐여 있었지. 우리 우편 역사상 최초의 순직 집배원이었어. 당시 전주우체국장인 일본인 오쿠다 가메마쓰는 그의 시신이 발견된 바위에 글을 새겨 위령비를 세웠다고 해.

1980년 겨울, 충남 안면우체국 소속의 집배원 오기수 씨는 눈보라가 치는 가운데 안면도의 해안 벼랑길을 더듬고 있었어. 안면도安眠島는 '편안하게 잠자는 섬'이라는 뜻이지만 그건 일종의 소망으로 붙인 이름이었다. 안면도 앞바다는 물살이 세고 풍랑이 거칠기로 유명했고 영호남에서 세곡稅穀을 싣고 올라오던 배들이 수없이 가라앉은 곳이었거든. 그날 안면도의 날씨도 보통 심술이 아니었어.

영하 15도의 혹한을 뚫고 오기수 집배원은 가까스로 안면읍 신야리에 사는 엄정한 씨의 집에 도착했어. 우편물은 《농민신문》 하나. 엄정한 씨는 미안해서 어쩔 줄을 몰랐지. "이것 때문에 이 눈길을······눈보라가 거세지니까 주무시고 내일 가시오." 오기수 집배원은 고개를 저었어. "우체국에 남은 우편물이 여덟 통 있어요. 내가 돌려야 돼요." 엄 씨가 극구 말렸지만 괜찮다는 말만 남기고 오기수 집배원은 자전거 페달을 밟으며 눈보라 속으로 사라졌지. 이튿날 아침까지도 돌아오지 않는 오기수 집배원을 찾아 나선 우체국 동료들은 벼랑 밑 눈 속에 파묻혀 숨진 동료의 시신을 발견했어.

1930년대 소설가 김유정은 그의 소설 〈산골〉에서 이렇게 쓰고 있어. "체부遞夫(집배원)가 잘 와야 사흘에 한 번밖에는 더 들르지 않는 줄을 저라도 모를 리 없고, 어제 다녀갔으니 모레나 오는 줄 번연히 알련마는 그래도 이쁜이는 산길에 속은 사람같이 저 산비탈로 꼬불꼬불 돌아나간 기나긴 산길에서 금시 체부가 보일 듯 보일 듯 싶었던지······." 이렇듯 오지 않을 집배원임을 뻔히 알면서도 사람들은 목을 길게 늘이고 집배원을 기다렸다.

비가 오나 눈이 오나 못 가는 곳 없이

지난 100년 동안 얼마나 많은 사연이 우편물에 담겼겠니. "비단구두 사가지고 온다던" 서울 간 오빠의 편지일 수도 있었고, 징용 간 탄광에서 삐뚤거리는 한글로 써 보낸 남편의 편지, 집안의 희망으로 일본 유학 간 아들의 문안, 전방에서 죽을 고생 하는 자식의 사모곡思母曲, 사법고시 합격을 알리는 환희의 전문, 데모하다 잡혀 들어간 대학생이 시골 아버지에게 드리는 사죄문, "내 사랑을 받아주오" 노래하고 "기꺼이 그러겠어요" 하는 뻐꾸기들의 지저귐들 기타 등등 집배원이 전한 사연들은 삼천리 강토를 골고루 덮고도 남을 거야. 그 사연을 전하기 위해 수많은 집배원들이 "비가 오나 눈이 오나(충남 천안시에 위치한 우정공무원교육원에 세워진 비석의 글귀)" 못 가는 곳 없이 발품을 팔았던 거란다. 남들이 안 가는 길을 갔던 거란다.

여담 하나 더 얘기하자면, 경주의 석굴암을 세상에 알린 이도 집배원이었어. 1907년 그때만 해도 호랑이가 으르렁거리던 시절의 경주 토함산을 넘어 동해안 포항 쪽으로 편지 배달을 가던 이름 모를 집배원이 석굴암의 존재를 우체국장에게 보고하면서 새삼 그 존재가 부각됐던 거니까.

우리가 편리하고 안전하기 위해 누군가 몸을 던져 일하고 있다는 걸 항상 떠올리기란 쉬운 일이 아니야. 사람은 대개 눈에 보이는 것만 보게 마련이니까. 《농민신문》 하나에 눈보라 속으로 들어가고 엽서 몇 통 때

2011년 8월 3일 용인우체국에서
차신우 집배원의 영결식이 열렸다.
ⓒ 우정사업본부

문에 급류에 몸을 던진 사람들이 있다는 걸 가끔이라도 기억해줘야 할 거야.

2011년 서울·경기 지역에 기록적인 폭우가 내렸을 때 우편물을 배달하던 차선우 집배원은 도로변 도랑의 배수구에 빨려들어가 숨지고 말았다. 그는 우편물 여덟 통을 손에 쥐고 있었는데 그 우편물들을 버리고 두 손으로 버텼더라면 충분히 살 수 있었어. 본능적으로 그는 우편물을 거머쥐었고 구하러 온 동료에게 우편물을 건넨 뒤 물살에 휩쓸리고 말았단다. 편지 여덟 통을 위해 목숨 바친 사람들, 오늘도 미칠 것 같은 격무에 시달리면서 가가호호 우편물 집어넣으며 흐르는 땀을 닦는 집배원들에게 감사하자.

13

몸을 던져 비행기 납북을 막은 수습 조종사 전명세

분단 이후 선박·항공기 납북 시도가 여러 차례 있었다.
그때마다 승무원들의 기지와 용기로 이를 극복했다.
1960년 경주호 납치 사건과
1971년 대한항공기 납치 미수 사건이 대표적이다.

우리 헌법에 대한민국의 영토는 한반도와 그 부속 도서로 규정돼 있다.
이미 조선민주주의인민공화국이라 칭하는 북한 정권이 70년간 휴전선
이북을 통치해왔지만 적어도 헌법상으로는 인정되지 않는 거지. 북한도
마찬가지야. 그들은 우리나라를 '남조선 괴뢰'라고 부르며 자신들이 해
방시켜야 할 대상이라고 되뇌어왔어.

휴전선 이남과 이북의 정권은 공히 서로에 대한 경계와 증오를 권력의

근간으로 삼았다. 남한에서 '빨갱이' 소리를 듣는 사람들이나 북한에서 '반동분자' 딱지가 붙은 사람들에게는 자신이 사는 나라 전체가 감옥이라고 해도 무방한 세월이었어. 그에 불만을 품은 사람들은 휴전선 넘어 '귀순歸順' 해오기도 하고 반대로 '월북越北'을 감행하기도 했다.

요즘이야 북한에 살러 가겠다고 하면 정신 나간 사람 취급을 받겠지만 1980년대까지만 해도 월북은 그리 진귀한 일이 아니었고 그 위로 거슬러 올라가면 더 빈번한 사고였단다. 휴전선까지 가는 교통수단조차 여의치 않던 시절에는 비행기나 배를 납치해서 북으로 올라가는 일도 있었지. 그 중 가장 황망하고 어이없는 사건으로 '경주호 납치 사건'을 들 수 있을 거야. 경주호 납치 사건은 1960년 12월 16일, 세월호 참사로 우리 귀에 익은 '맹골수도'에서 일어났다.

경주호는 목포와 제주를 오가는 여객선이었어. 자정 무렵 승객 몇 명이 선장 면회를 요청했다. 별 생각 없이 나온 선장은 기겁을 했어. 갑자기 그들이 칼을 꺼내들고 목을 겨눴기 때문이야. 선장과 무선사를 화물칸에 가둔 납치범들은 조타수에게 중공中共(중화인민공화국)으로 가자고 윽박질렀어.

납치범들은 무려 26명이나 됐어. 납치를 주도한 건 네 명의 좌익 전력자들이었고 그중 셋은 학교 교사이거나 전직 교사였다. 그들은 가족뿐 아니라 자신들에게 동조한 학생들까지 데리고 배에 탔고, 아무것도 모르는 가정부와 그 가정부가 업고 있었던 두 살배기 아기(납치범 중 하나의 아들)까지 포함된 일행이었지. 승객 가운데에는 군인들도 있었지만 납치범 일당의 수가 너무 많았어. 저항하던 제주도 출신 병사 두 명은 그만 납치범들의 칼에 찔려 바다에 던져지고 말았어. 오성택 상병과 김오채 일병이었다.

제대로 된 계획도 없이 여객선을 통째로 납치해서 '중공'으로 무작정 가자고 한 이 대책 없는 납치범들은 곧 엔진을 고장내버리거나 지그재그 항해로 눈속임을 하는 승무원들의 방해에 부딪쳤고, 여객선을 몰고 가는 일이 여의치 않자 어선을 탈취해 달아나려 했으나 끝내 체포되고 말았어. 어린아이까지 낀 26명의 해상 납치단. 그들의 어설픈 납치극 와중에도 군인 두 명의 소중한 생명이 희생됐다.

1959년 한국 민간 항공기였던 창랑호는 권총을 휘두르는 범인들에 의해 납북됐어. 북한은 승객들을 돌려보냈지만 기체는 돌려주지 않았지. 1969년 12월에는 강릉에서 서울로 오던 대한항공기가 납치됐어. 남한은 고정간첩, 즉 북한의 스파이에 의한 납치라고 주장했고 북한은 조종사들에 의한 의거 입북, 즉 조종사들이 북한으로 자진해서 넘어온 거라고 우겼어. 그 주장을 입증하려고 그랬는지 승무원 등 11명을 영영 돌려보내지 않았단다. "북으로 기수를 돌려라!" 하는 공포의 외침은 그 사건으로 끝나지 않았어. 1971년 1월 속초에서 서울로 오던 대한항공 여객기 안에서 재차 악몽 같은 하이재킹(비행기 납치)이 일어났던 거야.

나이 스물셋의 김상태라는 청년이 범인이었어. 대관절 당시 화물 검사를 어떻게 했는지 모르겠지만 그는 기수를 북으로 돌리라고 협박하며 조종실 문짝을 폭탄으로 날려버렸어. 기체에는 구멍이 뚫리고 기내는 아수라장이 됐어. 조종사들은 범인의 눈을 속이고 근처 공항에 착륙하려 했지만 범인은 이를 눈치채고 폭탄을 터뜨리겠다고 아우성을 쳤지.

1969년 비행기 납치 사건 이후 대한항공은 국내선 비행기에 권총을 지닌 보안요원을 배치했다. 보안요원이 그 비행기에도 탑승해 있었지만 범인이 폭탄을 들고 설치니 함부로 행동할 수가 없었어. 범인이 든 폭탄의 안전핀이라도 풀리면 비행기는 꼼짝없이 공중 폭발할 테니까. 기장의 무전을 듣고 따라붙은 공군 전투기의 저지도 헛되이 비행기는 계속 북으로 향했고 몇 분 뒤면 휴전선을 넘을 상황에 이르렀단다. 기장은 휴전선을 넘기 직전 모래사장에 비행기를 불시착시키기로 결심하고 불시착 시도 중 틈을 보아 범인을 사살하라는 명령을 보안요원에게 은밀히 내렸어. 비행기가 급강하하는 순간 총성이 울렸지. 보안요원의 사격은 정확했고 김상태는 고목나무 넘어가듯 쓰러졌지.

"죽어도 내 할 일은 내가 한다"

문제는 폭탄이었어. 바닥에 떨어지면서 그 안전핀이 풀려버린 거야. 그때 입사한 지 얼마 안 되었던 수습 조종사 전명세가 몸을 던져 폭탄을 감쌌어. 쾅음을 내며 폭탄이 터졌고 전명세 조종사는 팔다리가 떨어져 나가는 중상을 입었지만 그 덕분에 기체에는 큰 타격이 없었어. 비행기는 휴전선 코앞의 한 모래사장에 기적적으로 내려앉았어. 급히 헬기로 병원에 이송된 전명세 조종사는 의식이 혼미한 상황에서도 소리를 계속 질렀다고 해. "승객이 위험하다. 폭탄! 폭탄!" 그리고 그건 그의 유언이 되었어.

1971년 1월 15일 속초발 서울행 대한항공 여객기가
강원도 고성군 초도리 해변에 불시착했다.
ⓒ YouTube 감무리

나이 마흔의 수습 조종사는 깨어나지 못하고 말았어.

함경북도 회령이 고향인 그는 만주에서 어린 시절을 보냈어. 서울로 유학가라는 부모에 맞서 "독립운동가들을 많이 배출한 용정의 광명중학교로 가겠다"라고 고집을 부렸다는 그는 분단 이후 월남했고 육군 헌병으로 한국전쟁을 겪었다. 한때 인민군의 포로가 됐는데 거기서 인민군 장교가 되어 있던 광명중학교 동창을 만나 죽음의 문턱에서 벗어난 적도 있었다고 해. 이후 육군 항공대에서 군용기 조종간을 잡았고 제대 후에는 대한항공에 입사해 수습 조종사로 일하고 있었어. 그의 형이 대한항공 전무여서 수습 딱지를 빨리 떼는 등 혜택을 받을 수도 있었겠지만 사람들이 그 사실을 안 건 전명세 조종사의 장례식장에서였어. "죽어도 내 할 일은 내가 한다"라고 입버릇처럼 말하던 그는 그렇게 곧고 강직했다. 그래서 안전핀 빠진 폭탄에 몸을 던질 수 있었겠지만.

전명세 수습 조종사는 바닥에 떨어진 폭탄에
몸을 던져 승객들을 구하고 순직했다.
ⓒ YouTube 갈무리

무슨 사상을 지녔든, 어떤 배경이 있든, 배나 비행기를 납치해 북으로 가자고 사람을 죽이고 무기를 휘두른 이들의 범죄는 용서받을 수 없어. 여러 사람의 목숨을 앗아가고 공포에 떨게 했고 가족과 생이별시킨 중범죄자들이니까. 그 범죄자들에 맞서서 자신이 해야 할 행동을 마다하지 않은 사람들을 아빠는 기억하고 싶구나. '반공反共의 화신'보다는 자신의 임무를 위해 목숨을 걸었던 '용기의 현신'으로서 말이야.

영화 〈택시 운전사〉에서 김만섭(송강호) 운전사가 전쟁터가 된 광주로 돌아가면서 딸과 통화했던 내용 기억나니? 울먹이듯 김만섭은 얘기했지. "아빠가 손님을 두고 왔어." 거창한 민주주의니 인권이니 할 것 없이 손님을 모시고 어딜 갔다 돌아오기로 했으면 그렇게 해야 하는 게 택시 운전사의 책임이었고 김만섭은 그 책임감에 용기를 실었다. "항공기와 함께 늘 여기저기 돌아다니기 때문에 저와 함께 지내는 시간이 별로 없었던(부인의 회고)" 전명세 기장(그는 사후 기장 직급을 추서 받았어)이 마지막으로 절규한 말이 "승객들이 위험하다!"였던 것처럼.

14

송석준과 7인의 검수원,
'이리역 다이너마이트 폭발 사고'의 영웅들

철도 검수원 7명은 다이너마이트가 실린 열차에
불이 붙자, 현장에 달려와 자갈과 흙을 주워들어 뿌렸다.
그 아수라장에 있던 운전조역 송석준은
달려오는 특급열차를 긴급 정차시켜 열차 승객 600명을 구했다.

1977년 11월 11일을 아빠는 꽤 선명히 기억하고 있어. 아니 날짜라기보다는 그날의 이벤트로. 그날은 1978년 열릴 아르헨티나 월드컵 아시아예선 한국 대 이란의 축구 경기가 있는 날이었거든. 그런데 바로 그날 전라북도 이리역에서 다이너마이트가 폭발해 도시가 쑥밭이 됐다는 뉴스가 그야말로 주먹 같은 활자와 꿍음 같은 육성으로 전달되기 시작했지. 이리는 이후 익산으로 그 지명을 바꾸게 되지만 믿을 수 없을 만큼 참혹했던 '이리역 다이너마이트 폭발 사고'는 지금도 아빠 기억 속에 굵직하고 뚜렷하구나.

이리역 반경 500미터 이내의 가옥 등 건물은 완전히 파괴됐고 반경 1킬로미터 이내의 가옥은 반파, 반경 4킬로미터 이내의 가옥은 창문이 떨어져 나갔어. 반경 8킬로미터 이내의 유리창까지 파손됐으니 그 위력이 얼마나 무시무시했는지 알 수 있겠지. 사망자 59명, 부상자 1,343명과 함께 8,000명 가까운 이재민을 발생시키면서 해방 이후 최대의 폭발 사고라는 악명을 떨친 이리 참사는 믿어지지 않을 만큼의 무책임과 허무할 정도의 안전 불감증, 그리고 당시 만연해 있던 부정부패까지 골고루 결합돼 일어난 인재人災였어.

며칠 전 열린 한강 불꽃축제를 주관한 건 한화그룹이야. 이 한화그룹의 예전 이름은 '한국화약'이었고, 1960~1970년대 이 회사는 한국 내 사용되는 각종 폭발물을 거의 독점으로 취급했지. 광산이든 건축 현장이든 필요한 화약을 공급했고 한국화약 직원들은 각종 폭발물을 싣고서 전국을 누볐어. 그날 다이너마이트를 비롯한 폭발물 수십 톤을 싣고 온 호송원 신무일이라는 이도 그중 하나였지.

하늘에서 본 '이리역 폭발 사고' 참사 현장.
해방 이후 최대의 폭발 사고라는 악명을 떨쳤다.

원래 화약류 등 위험물의 경우, 역 구내에 대기하게 하지 않고 통과시키는 게 기본 원칙이었어. 그런데 다이너마이트는 이리에 발이 묶였고 제때 화차를 배정받지 못했어. 이유는? 철도 직원들이 '급행료'를 챙기고 있었던 거야. 이 급행료를 설명해줄게. 어려서 아빠가 할머니 심부름으로 동사무소에 간 적이 있는데 아빠보다 늦게 온 사람들이 척척 서류를 떼가는 거야. 따로 마련된 바구니에 돈을 넣은 사람들이었는데 이 돈이 급행료야. 동사무소에서조차 버젓이 그런 일이 벌어지고 있었으니 더 큰 이권이 걸린 데서야 말할 것도 없었겠지. 이 급행료 거래가 제대로 되지 않은 관계로 즉시 통과해야 할 화약 실은 기차가 마냥 역에 대기하게 된 거란다. 신무일은 이렇게 얘기했어. "화차 배정 담당 역무원들에게 1인당 300~500원씩 주었다(《경향신문》 1978년 11월 16일 자)." 더하여 이리역에서 오래 머무른 이유. "전날(11월 10일) 밤 10시 25분에는 출발시켜야 하는데 22시간을 기다리게 하고 김제로 가는 비료 화차를 바꿔치기해 먼저 보냈다(《동아일보》 1978년 11월 17일 자)."

　이런 역무원들의 급행료 장난에 하루를 공쳐서 화가 난 신무일은 역전에 나가 막걸리 한 되와 소주 한 병을 마시고 화차에 들어와 잠을 청했어. 그런데 그만 어두워서 켜놓았던 양초를 끄지 않았지 뭐냐. 화약더미 수십 톤 앞에서 말이다. 촛불이 침낭에 옮아붙으면서 온몸이 뜨거워진 그는 퍼뜩 잠을 깼지. 담요를 휘둘러 어떻게든 꺼보려 했지만 불은 어림도 없다는 듯 거세게 타올랐어. 불길 속에서 신무일의 머릿속에는 '다이너마이트' 여섯 글자가 날름거리고 있었을 거야. 그는 문을 박차고 튀어나왔지. "불이야!" 근처에 있던 역무원 하나가 소리쳤어. "무슨 화차요?" "다이너마이트를 실은 화차요." 기절초풍한 역무원은 역 사무실로 뛰어들어 "빨리 대피하라!"고 알리고 피신했는데, 그로부터 몇 분 못 가서 대폭발이 일어났다고 해. 끔찍하도록 어이없는 사고였지.

그토록 썩은 내가 진동하고 무책임이 난무하던 현장 속에서도 아름다운 사람들은 있었단다. 그날 철로와 열차의 중요 부분을 점검하고 고장 부분을 수리하는 철도 검수원 18명은 열차 100여 량의 검수를 끝내고 쉬고 있었어. 갑자기 터져나온 불이야 소리에 검수원들은 반사적으로 불이 난 곳으로 달리기 시작했어. 방금 이리역의 전 열차를 들여다보고 온 사람들이었어. 자신들이 점검했던 화차 안에 있는 물건에 불이 붙으면 무슨 일이 생길지 몰랐을 리가 없지. 그러나 그들은 달려갔어. 신발을 벗고 쉬던 사람 11명은 좀 처졌지만 신발을 신고 있던 검수원 7명은 수백 미터 떨어진 화재 현장까지 득달같이 달려갔다.

그중 두 명이 먼저 화차에 닿았고 고함을 질렀지. "큰일났다!" 다이너마이트가 실린 화차임을 확인했겠지. 그 순간이라도 "도망쳐" 하고 뛰어나왔으면 살았을지도 몰라. 하지만 그들은 철로로 내려와 자갈과 흙을 주워 들어 뿌렸어. 이어 도착한 다섯 명도 합세했지. 이미 독기를 내뿜기 시작한 불길에 고작 손 열네 개로 뿌리는 모래는 아무 소용이 없었어. 그 순간 화차는 대폭발을 일으켰어. 불길처럼 눈앞에 어른거리는 죽음을 불사하

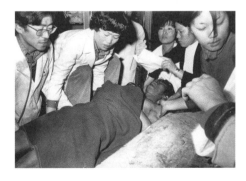

이리역 열차 폭발 사고로 다친 부상자들.

고 자신의 책임을 다하려 했던 검수원들은 철로 위에서 산산이 부서지고 말았지. 수십 미터 뒤에서 따르던 동료들이 목 놓아 동료들을 불렀을 때 대답하는 이는 아무도 없었어.

폭발에 휘말려 실신하고도 열차 세워 600명 구조

그 아수라장에는 이리역 운전조역으로 근무하던 송석준도 있었다. 그는 폭발 직후 그 폭풍에 휘말려 나가떨어져 정신을 잃었다가 깨어났어. 저승인지 이승인지조차 분간이 안 갈 상황이었지만 용케 정신을 차린 그의 머릿속에 들어온 것은 잠시 뒤 이리역에 들어올 특급열차였어. 이 생지옥에 수백 명이 탄 열차가 들어온다면? 그는 미친 듯이 철로 위를 달리기 시작했어. 1킬로미터 가까이 내달린 끝에 특급열차가 눈에 들어오자 그는 웃옷을 벗어 흔들었어. "제발 보아다오. 이걸 보라고. 오면 안 된다고!" 목이 쉬도록 소리도 질렀겠지. 천만다행히도 특급열차는 송석준의 몸부림을 보았어. 특급열차는 긴급 정차했고 열차에 타고 있던 승객 600명은 영문도 모르는 채 불지옥의 문턱에서 구원받게 됐지. 송석준의 이름은 오늘날 철도 안전 명예의 전당에 올라 있다.

아빠는 '목숨 걸고' 뭔가를 한다고 쉽게 얘기하는 사람들을 믿지 않는다. 솔직히 자기 몸보다, 자기 한 목숨보다 소중한 게 어디 있겠니. 세상살면서 자신에게 가해질 불이익을 무릅쓰고, 편안함을 포기하고서 자신의 책임을 다해야 할 일은 끊임없이 닥친다. 항시 일어나지 않기를 바라지만 순간적으로 자신의 모든 것을 걸어야 하는 상황도 배제할 수 없어. 누가 알아주지 않더라도 내 자리를 지켜야 하고, 영웅이 되기 위해서가 아니라 값없는 사람이 되지 않기 위해 나서야 할 때가 있어. 불붙은 화약

열차에 달려가 모래를 뿌린 검수원 7명(이외에도 이리역에서는 철도원 16명이 순직했다)처럼, 폭풍에 휘말려 실신하고 나서도 기를 쓰고 달려 옷을 벗어 흔든 철도원처럼 말이다.

이런 분들이 있었기에, 아빠는 우리 역사가 이만큼이나 존재하고 나아갈 수 있었다고 믿어. 급행료 장난을 치며 주머니를 채운 이들이나 화약 더미 위에서 양초 켜고 잠드는 군상들이 넘쳐났던 역사에도 불구하고 말이지. 아무리 큰 어둠도 작은 빛을 이길 수는 없는 거니까.

전북 익산시(옛 이리시)에서 열린
'이리역 폭발 사고' 희생자 추모 행사.

15

"새로운 세상을 열어준 선생님, 감사합니다"—
최용신과 사치분교 선생님들

심훈의 소설《상록수》의 실제 모델 최용신은
연고도 없는 샘골 마을에 들어가 헌신적으로 아이들을 가르쳤다.
병에 걸려 갑자기 세상을 떠났지만
그의 가르침은 후세에 남았다.

아빠가 중학교에 들어갔을 때 국어 선생님이 '중학생의 필독서'라고 하여 몇 권의 책을 열거해주신 적이 있어. 그중 하나가 《상록수》였지. 일제 강점기에 농촌이 살아야 민족이 산다고 외치며 시골 오지로 뛰어들어 아이들을 가르치고 어른들을 일깨웠던 채영신이라는 젊은 여성을 주인공으로 한 《상록수》는 오랫동안 '한국인의 필독서'처럼 자리매김돼 왔어.

이 채영신이라는 작중 인물에게는 실제 모델이 있었어. 1935년 《신가

정》이라는 잡지 5월호에서는 "무지가 우리의 적이라는 커다란 진리를 깨우쳤을 뿐 아니라 생명까지 이에 바친 정령의 주인공"인 최용신이라는 젊은 여성을 상세히 소개하고 있다. 시인이면서 기자에 영화배우도 겸했던 재능 많은 문사文士 심훈은 이 여인을 모티브 삼아 1935년 5월 4일 한 소설을 쓰기 시작했지. 그는 두 달도 지나지 않은 6월 26일, 200자 원고지 1,500장의 장편《상록수》를 탈고한단다. 가히 신들린 듯한 속도였지. 심훈을 그토록 들뜨게 했던 여성 최용신은 어떤 사람이었을까.

1930년대 초반, 브나로드 운동이라는 움직임이 활발히 전개되고 있었어. '브나로드'는 '민중 속으로'라는 뜻의 러시아 말이야. 즉 학생 등 지식인이 민중 속으로 들어가서 무지와 악습을 깨우치고 새로운 삶을 펼칠 수 있게 하자는 농촌계몽운동이었지. 《상록수》의 주인공 채영신은 이렇게 열변을 토한단다. "우리 남녀가 총동원을 해서 둥쳐 매고 민중 속으로 뛰어들어서 우리의 농촌 어촌 산촌을 붙들지 않으면, 그네들을 위해서 한 몸을 희생해 붙들지 않으면 우리 민족은 영원히 거듭나지 못합니다." 바

소설《상록수》의 실제 모델 최용신.

로 그 마음으로 실제 인물 최용신은 한 점 연고 없는 경기도 (당시) 수원군 반월면 샘골 마을로 들어가게 된단다. 1931년 10월이었어.

무려 86년 전이야. 나이 스물 갓 넘은 처녀가 어색한 서울말을 쓰며(최용신은 함경도 사람이었어) 뭘 가르치네, 뭘 함께하네 하고 '나대는' 것은 매우 진귀한 일이었지. 냉대와 오해도 잇따랐지만 최용신은 포기하지 않았어. "도시 처자가 시골에 와서 뭘 안다고 깝치냐"는 따가운 시선을 받으며 논에 들어가 모를 심고 김을 맸으며 한글강습소를 세우고 산수, 수예 등 자신이 할 수 있는 모든 것을 가르쳤다.

최용신의 노트에는 이런 글이 적혀 있었어.

"이 몸은 남을 위하여 형제를 위하여 일하겠나이다. 일하여도 의를 위하여 일하옵고 죽어도 다른 사람을 위하여 죽게 하옵소서."

그렇게 몸을 돌보지 않고 샘골 사람들과 함께하던 최용신은 몹쓸 병에 걸려 갑자기 세상을 떠났다. 하지만 죽어가면서도 그녀는 자신보다는 "애처로운 우리 학생들은 어찌하나" 하며 샘골 아이들의 진로를 걱정했단다.

최용신의 가르침을 받은 어린 학생이 호호백발 할머니가 되어 털어놓는 회고는 그래서 생생하고 뜨거워. "5리 정도 떨어진 우리 집에 선생님이 방문하셨어. 지금도 그날을 잊을 수가 없어. 초가삼간 흙마당에서 어머니 손을 꼭 잡으시고 선생님은 이렇게 말씀하셨어. '어머니, 이 아이는 자라서 크게 됩니다. 지금은 힘들더라도 참고 이겨내시고 자랑으로 키우십시오.' 곁에 있던 내게 살아생전 처음으로 열심히 살고 싶다는 소망이 생겼어."

누군가를 가르치고 깨우친다는 건 그 사람에게 새로운 세상을 열어주는 일이지. 수학 공식 하나의 원리를 깨쳐도 눈앞이 훤해지는 것 같잖니.

교육이란 세상을 보는 눈을 기르고 더 넓은 세상으로 도약할 힘을 불어넣고 오늘의 팍팍함이 결코 내일로 이어지지 않으리라는 희망의 문을 여는 일이었지. 삼천리 반도 금수강산에는 교육의 혜택이 절실한 오지奧地와 낙도落島, 즉 심심산골과 외딴섬들이 그야말로 널려 있었단다. 학교가 세워지고 의무교육이 실시됐지만 배워야 할 사람에 비해 가르치는 사람이 적을 수밖에 없었어. 하지만 결코 끊어지지는 않았지.

섬마을 선생님 부부가 만들어낸 작은 기적

1970년 권갑윤·김선희 부부 교사가 전남 안좌도 근처의 사치도라는 작은 섬에 부임했어. 주민이라고는 마흔여섯 가구. 사치분교 전교생이래야 78명. 선착장도 없는 섬의 아이들은 '지적 수준부터 체력까지' 모두 바닥이었다고 해. 권갑윤 교사는 아이들의 체력을 길러보고자 농구를 가르칠 생각을 해. 처음에 아이들은 새끼줄로 둘둘 말아 만든 농구공을 들고 생나무와 사과 궤짝에 쇠고리를 박아 만든 농구대에서 농구를 해. 집안 어른들은 무슨 공놀이냐고 농사일이나 하라고 노발대발했다지만 재미를 붙인 아이들을 말릴 수는 없었지. 아이들은 여름에는 뻘밭에서 뒹굴고 겨울에도 양말을 손에 끼고 농구를 했어.

권갑윤 부부는 월급을 털어 염소 한 마리를 구했고 그 젖을 아이들에게 먹이며 유일한 '체력 보강'을 했어. 가끔 뭍에 나가 일상용품을 구해오던 권갑윤 교사는 사오라는 물건 대신 농구용품을 사와서 아내의 실소를 자아내기도 했지. 이 섬에 농구대가 들어오던 장면은 사뭇 눈물겹구나.

"봉급을 털어 목포에 가서 정규 농구대를 구입, 두 시간 동안 배를 타고 안좌도까지 온 후 농구대를 함께 등에 메고 8킬로미터의 산길을 걸어 다시 한 시간 동안 나룻배를 타고 간신히 농구대를 운반하는 데 성공했다 (《동아일보》 1972년 6월 17일 자)."

온몸이 땀에 젖은 부부 교사가 농구대를 끌고 사치분교 앞에 나타났을 때 아마 수십 명의 사치분교 학생들은 세상을 다 얻은 듯 환호하지 않았겠니. 데굴데굴 구르고 농구 골대에 매달려 발버둥치지 않았겠니. 수십 년 전 최용신 선생님을 만났던 어린이처럼 "태어나서 처음으로 열심히 살고 싶은" 의지가 샘솟지 않았겠니.

사치분교 농구팀은 농구라는 걸 접해본 지 고작 7개월 만에 목포 지역 농구대회에서 우승하는 괴력을 발휘했어. 1972년 처음 열린 소년체전에 당당히 전남 대표로 나서게 됐지. 소년체전 무대 1차전에서 그들이 61 대 58, 극적인 역전승을 거둔 순간 부부 교사와 꼬마 선수 12명은 모두 얼싸안고 울어버렸단다. 사치분교 농구팀은 승승장구해 결승에 진출했지만 부상을 입지 않은 선수가 없을 만큼 탈진 상태였고 아쉽게 준우승에 그치고 말았지. 경기를 마치고 나오면서 권갑윤 선생님은 이런 말을 했다고 해. "아이들에게 자신감을 안겨준 것이 무엇보다 기쁩니다."

이 성과는 24년 후 화려하게 부활한단다. 사치분교 농구팀의 리딩 가드로 백넘버 7번을 달고 뛰었던 심재균이 목포상고 농구부 감독으로서 협회장기 전국농구대회에서 우승을 차지한 거야. 목포 개항 100년 만의 첫 구기 종목 전국 우승이었다지. 심재균 감독은 선수들에게 "연습을 게을리하고 이기려는 건 도둑놈 심보"라고 다그쳤다고 해(《경향신문》 1996년 5월 28일 자)." 아마 그는 24년 전 수 킬로미터의 산길을 낑낑대며 농구대를 지고 날랐던 선생님의 한마디, "약속을 지키자"를 기억하고 있었겠지.

오늘날에도 대도시의 임용고시 경쟁률은 치열한 반면, 농촌이나 기타 도서 지역 등에는 선생님들이 부족해서 아우성이라는 소식이 들려. 오지

奧地 자체는 없어져야 할 단어이고, 도시와 농촌의 근무 여건 차이를 줄여 나가는 게 국가의 의무일 거야. 도시에서의 임용고시 경쟁률이 높은 건 어쩌면 당연한 일이겠지. 그럴수록 자신의 불편함을 무릅쓰고 '별을 사랑하는 아이들, 태양을 사모하는 아이들'(윤동주의 시에서 인용)을 찾는 선생님들에 대한 경의는 높아간단다. 우리 역사에 많았고 지금도 많은, 하지만 그리 알려지지 않은 선생님들께 인사하자꾸나. 감사합니다.

1972년 소년체전에서 준우승을 차지한
전남 신안군 사치분교 농구팀.
ⓒ1004섬 블로그 갈무리

16

순직 소방관들은 조국이 서럽다—
'도끼' 소방관 고기종의 최후

고고기종 소방관은 서울시민회관 화재 때
끝까지 포기하지 않고 건물 벽에 고가사다리차를 붙여
수십 명이 살아날 길을 열었다.
그의 별명은 '도끼'와 '제트기'였다.

1972년 12월 2일, 요즘은 세종문화회관이 서 있는 바로 그 자리에 있던 서울시민회관에는 인파가 구름처럼 몰려들었단다. MBC 개국 11주년을 기념하는 〈10대 가수 청백전〉이 열렸기 때문이지. 문제가 터진 건 환호와 박수 속에 가요 청백전이 마무리된 직후인 저녁 8시 30분경. 별안간 조명 장치가 펑 하고 터지면서 불꽃이 튄 거야. 곳곳에 튄 불꽃이 불길로 번졌고 당황한 주최 측이 막을 내리자 그 막으로 불이 옮아붙으면서 큰불로

비화됐지. 50명이 넘게 사망할 정도로 대화재였어.

서울 시내 소방차는 물론이고 미군 소방차까지 총출동하여 화재를 진압하는 가운데 시민들의 눈에 안타까운 광경이 포착됐다. 예닐곱 살이나 됐을까 하는 여자 아이가 4층 회전 창틀에 허벅지가 낀 채 거꾸로 매달려 있었던 거야. 이 모습은 가요 청백전 취재를 왔다가 죽을 고비를 넘기고 가까스로 탈출한 《한국일보》 박태홍 기자의 카메라에 담겼지. 울부짖는 사람들 머리 위에 대롱대롱 매달린 어린 소녀. 기자는 셔터를 누르면서도 외쳤어. "저 애를 살려주세요. 빨리!" 소방관들도 사태를 알아채고 소녀를 구하기 위해 움직이기 시작했다. 현장에 나온 소방관들은 바로 1년 전 1971년 12월 25일 163명의 사망자를 낸 대연각호텔의 악몽을 똑똑히 기억하는 사람들이었지. 고층 빌딩이었던 대연각호텔은 고가사다리차조차 닿지 않는 곳이 많아 사람들이 불길을 피해 몸을 던지는 모습을 눈 뜨고 지켜봐야 했지만 그에 비하면 시민회관은 넉넉히 사다리가 닿을 만했어. 소방관들의 목소리에 힘이 실렸다. "고가사다리차를 갖다 대!"

1972년 서울시민회관 화재 모습.
창틀에 다리가 낀 채 매달린 소녀를 소방관이 구출하고 있다.

하지만 문제가 있었어. 소녀를 구하기 위해서는 건물 벽에 바짝 차를 접근시켜야 했는데 건물 벽 앞의 화단이 장애물이 된 거야. 세 번 네 번…… 열 번 소방관들이 발을 동동 구르는 가운데 고가사다리차는 몇 번을 전진, 후진을 왕복하며 필사적으로 벽에 붙어 서보려고 기를 썼지. 마침내 화단 장애물을 넘어 사다리차가 건물 벽에 바싹 달라붙는 데 성공했어. 환호할 사이도 없이 소방관이 사다리 바스켓에 올라탔다. 이영주 소방관이었어.

고가사다리차를 수십 차례 시도 끝에 건물 벽에 바짝 접근시켰다. 나는 사다리 바스켓에 올라타 소녀가 떨어질지 모를 위치에 바싹 붙었다. 몇 초 지나지 않아 소녀는 내 발등에 떨어졌고 그 순간 함께 떨어져 내린 소나기 유리 파편과 쇠 창틀을 겨우 몸으로 막아냈다.

그날의 화재로 인연을 맺은 소방관과 소녀는 계속 연락을 주고받았다고 해. "가정형편상 상고에 진학한 조수아(소녀의 이름) 양에게 대학 진학을 권하기도 하고 대학 진학에 실패하고 실의에 빠진 조 양에게 소방관이 되어보면 어떻겠느냐고 권유하는 등 인생의 후원자 노릇을 했고(《경향신문》 1991년 4월 9일 자)", 마침내 그녀가 결혼할 때는 제2의 아버지 자격으로 주례석에 섰다니 대단한 인연이겠지. 그 경사스러운 결혼식 날 이영주 소방관은 또 한 사람을 생각하며 눈시울을 붉혔어. 그날 자신과 함께 소녀를 구하기 위해 발버둥친 사람, 화단을 밀어붙이고 타고 넘으며 필사적으로 사다리차를 벽에 붙였던 고기종 소방관이었어.

고기종 소방관과 이영주 소방관은 1967년 종로소방서에서 소방관으로
함께 첫발을 디뎠지. 당시만 해도 성냥으로 불을 켜고 모닥불에 몸 녹이
던 시절이고 전기설비도 엉망이었을 때라 대형 화재가 잦았다. 앞서 얘기
한 서울시민회관 화재와 대연각호텔 화재, 더하여 청량리 대왕코너 화재
는 1970년대 3대 화재라 일컬어지거니와 그 외에도 수시로 큰불이 터졌
어. 고기종 소방관과 이영주 소방관은 서울 곳곳에서 발생한 모든 화마와
맞서 싸운 사람들이었지. 시민회관 화재 때 고기종 소방관이 끝까지 포기
하지 않고 화단을 넘어서 건물의 벽에 고가사다리차를 바짝 붙인 순간 수
십 명이 살아날 길이 열렸고, 이영주 소방관이 찢어져라 뻗은 손이 죽음
앞에 내몰린 수십 명의 영혼을 건졌단다.

　고기종 소방관의 별명은 '도끼'였다고 해. 도끼로 잘라내듯 일 처리를
확실하게 해서 붙여진 별명이었다지. '제트기'라고도 불렸다고 해. 화재
현장에 제일 먼저 달려갔기 때문이지. 그러다 보니 바보 같다는 말도 들었
다지. 소방관도 직업이고 일단 자기 몸 챙길 깜냥은 부려야 하는데 너무
우직하게 불 속으로 뛰어들고 남의 목숨에 자기 목숨을 걸곤 했으니까.

　1990년 9월 19일 서울 중구 의주로 2가 녹지대 안에 있던 한전 건물 자
재창고 화재 현장에서도 그랬다. 23년 9개월 동안 7,000번을 출동해온
그에게 창고 화재 정도는 어려운 일도 아니었지. 그는 '제트기'처럼 달려
들어 40분 만에 불을 껐지만, 거기에 만족하지 않았어. 그는 "불을 완전
히 잡은 것을 확인해야 직성이 풀리는" '도끼' 고기종이었거든. 어둠 속에
서 채 열기가 가시지 않은 지하실을 더듬던 그는 그만 맨홀 구멍에 빠지
면서 11미터 아래로 추락하고 말았어. 수백 명의 목숨을 구해온 베테랑

소방관의 최후였지.

며칠 뒤인 9월 22일 《동아일보》 사설에서는 이 장렬한 죽음에 부치는 통렬한 분노를 드러내고 있다. 명문이라 생각해서 일부를 적어 옮겨두마. "바로 이런 분들 덕분으로 우리는 이만큼이라도 버티고 있는 것이다. ……우리는 고 씨의 죽음 앞에서 부끄럽다. 이런 무명 민초의 착하고 끈질긴 노력을 딛고 서 있으면서도 그것을 무시한 채 호사를 즐기고 누리지 않았을까. 열악한 근로 환경 속에서 묵묵히 일하는 그들이 없었다면 우리 사회는 진즉 결딴나고 부서지고 깨어졌을 것이다."

23년이 넘는 경력의 고기종 소방관이었지만 그는 국립묘지에 묻히지 못했어. 1995년 개정 이전까지 국립묘지령 제3조 6항은 안장 대상을 '군인·군무원·경찰관'으로 한정했고, 그 외의 경우엔 국무회의 의결과 대통령 재가를 받아야 했기 때문이야. 수십 년간 국립묘지 매장 문제는 많은 소방관들의 여망이자 한恨이었다.

2001년 3월 서울 홍제동 주택에서 화재가 일어났다. 불길에 휩싸인 집에 사람이 남아 있다는 얘기를 듣고 소방관 6명이 뛰어 들어갔는데 낡은 주택이 무너져서 그 모두가 목숨을 잃었지. 취재차 찾아간 그들의 빈소에서 만난 한 소방관이 울먹이는 걸 들었어. "바보들입니다. 자기 목숨도 못 구하면서. 누굴 구조해요." 한참을 울던 그가 신발 끈을 매는 걸 보고 문득 어디 가십니까 물으니 이런 답이 돌아왔어. "근무 갑니다. 비번인데……빠진 자리가 많잖아요."

그의 뒷모습을 보면서 아빠 역시 눈물을 쏟고 말았단다. 서부소방서에 가면 그날 죽어간 여섯 분의 동판이 걸려 있어. 그 동판은 나라에서 만든 게 아니야. "유가족들이 보상금으로 받은 돈 중 1500만원을 모아 제작했다." 어떤 나라가 영웅들을 기념하는 일마저 가족들에게 맡기고 그 보상금으로 해결한단 말이냐. 이런 나라에서도 어떤 이들은 몸 던져 불길과 싸우고 남의 목숨에 자신의 인생을 걸고 있다는 걸 꼭 기억하자꾸나. 다시 한번 복창하되 "바로 이런 분들 덕분으로 우리는 이만큼이라도 버티고 있는 것"이니까.

2001년 서울 홍제동 화재로 순직한 소방관 6명을 기리는 추모 동판 앞에 유족이 헌화하고 있다.

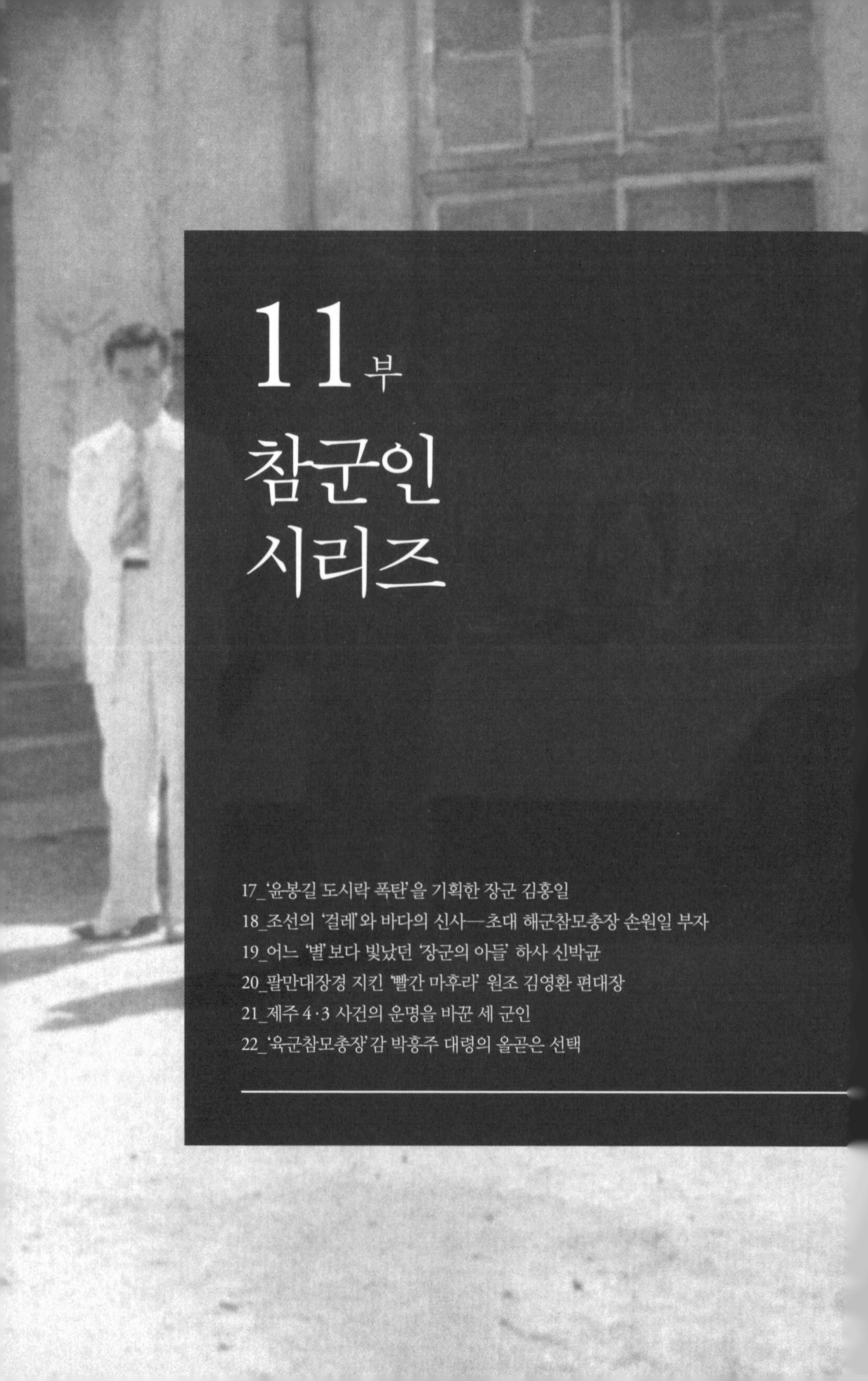

11부

참군인 시리즈

큰
역사를
일궈낸
'작은 거인'들

17

'윤봉길 도시락 폭탄'을 기획한 장군 김홍일

김홍일 장군의 일생을 보면 한국 현대사의 굴곡이 보인다.
독립군이 됐다가 중국 군대의 장성까지 올라갔고,
광복군 참모장이 됐다가 해방 이후에는
일본군·만주군 출신과 함께 국군을 건설했다.

대한제국이 거의 망해가던 1908년, 만주의 화룡현 명동촌에 명동학교라
는 이름의 학교가 세워진다. 1925년 폐교까지 17년 동안 "하늘을 우러러
한 점 부끄럼 없기를" 노래했던 시인 윤동주, 한국 영화의 아버지라 할 영
화감독 나운규를 비롯해 수많은 인재를 길러낸 곳이지. 이 학교의 설립자
는 김약연이라는 분이었는데 학생들을 가르칠 교사들을 확보하는 데 특
별한 관심을 기울였어. "자기는 조밥을 먹었지만 교사들을 위해서는 40

리(약 15킬로미터)나 떨어진 용정까지 사람을 보내 쌀을 사왔고 쌀은 늘 떨어뜨리지 않았다. 교사들은 송구스러워했으나 김약연은 그때마다 그 정신을 2세에게 바치라고 했다(《중앙일보》 1972년 10월 20일 자)"고 할 정도였으니까 어느 정도 정성이었는지 짐작하겠지?

어느 날 명동학교에 평안도 청년 최세평이 나타나. 워낙 몸이 날래고 총명했던 그는 명동학교에서 체육과 수학을 가르치게 됐어. 새끼줄을 감아 만든 공으로 축구를 가르치며 아이들에게 인기가 높던 최세평 교사에게 난처한 문제가 생긴다. 마을의 한 처녀와 사귀게 됐는데 그 성이 최 씨였던 거야. 즉 동성同姓이었지.

우리나라에서 동성동본同姓同本 남녀의 결혼이 법적으로 가능해진 게 자그마치 21세기였으니 1920년대 조선인들에게는 최 씨끼리의 연애란 '불륜' 비슷한 일이었어. 마을에서도 학교에서도 난리가 났다. "어찌 최 씨가 최 씨한테……." 동네 어른들이 출동하고 "최 선생 나오기요!" 대충 이런 분위기가 되자 그는 갑자기 뜻밖의 고백을 해. "제 이름은 최세평이

김홍일 장군(1898~1980)은 한국전쟁 당시
시흥지구 전투사령관으로 인민군의 남하를 막았다.
ⓒ 국가보훈처

아니라 김홍일입니다." 그는 남강 이승훈과 고당 조만식이 활약하던 오
산학교 출신으로 독립운동을 하다가 일본 경찰에 체포됐지. 경찰을 때려
눕히고 망명길에 올라 중국에서 군사 교육을 받은 뒤 독립군에 투신하여
몇 번이고 죽을 고비를 넘겼다는, 바로 그 김홍일이었어.

일본 헌병대가 감시의 손길을 뻗쳐오자 김홍일은 다시 상하이로 망명
했고 중국 국민혁명군, 즉 장차 중화민국 정규군이 될 중국 국민당 군대
에 투신해. 그는 이렇게 말하고 있어. "일본 군국주의 세력의 파괴는 국
내외를 막론하고 역사가 우리에게 부여한 제 일차적인 과업이 아닐 수 없
는 것이다. 그러자면 한국인 스스로의 군비가 절실하게 필요하다는 사실
을 나는 느꼈다. 그제야 나라 잃은 백성으로서의 내가 장차 할 일이 무엇
이겠는가를 확실히 깨달은 셈이다." 한국인 스스로의 군비를 마련하고
일본을 타격하기 위해 그는 중국군이 된 거야.

중국군 소속으로 숱한 전투를 치르고 계급도 올라간 그는 1931년 무렵
에는 상하이의 병기창 주임으로 근무하고 있었어. 병기창은 각 군부대에
지급될 무기를 지급하는 곳이야. 즉 총이나 폭탄 같은 걸 수시로 다루고
빼낼 수 있는 부서의 책임자였다는 뜻이지. 한인애국단을 만들어 일제 관
헌이나 일본군을 직접 타격하려던 백범 김구에게 중국군 병기창 장교 '왕
웅王雄(김홍일의 중국식 가명)'이란 그야말로 어둠 속의 촛불 같은 존재일
수밖에 없었어.

일본 천황에게 던져진 이봉창의 수류탄 역시 왕웅의 병기창에서 나왔
어. 이봉창의 의거 실패를 두고 "불행히도 명중하지 않았다"라고 쓴 중국
신문에 이를 박박 갈던 일본은 상하이에서 일어난 일본인 살해 사건을 빌
미로 중국을 압박했고 급기야 1932년 1월 28일 중국군을 공격하기에 이
르지(1차 상하이 사변). 김구는 중국군 병기창 주임 왕웅, 즉 김홍일과 함

께 일본군 격납고와 함정을 폭파하기 위한 공작을 꾸미지만 중국이 쉽사리 저항을 포기하는 바람에 기회를 놓치고 말았어. 기세가 오른 일본은 1932년 4월 29일 상하이 훙커우 공원에서 자신들의 승리를 자축하는 기념식을 열기로 했지. 이렇게 얘기하면 떠오르는 사건이 있을 거야. 바로 윤봉길 의사 의거지. 윤봉길 의사가 던진 도시락 폭탄과 던지지 못한 물통 폭탄도 김홍일의 작품이었어.

이후 김홍일은 중국군에서 장성將星까지 진급해. 그는 이제 때가 왔다는 백범 김구의 말에 거침없이 중국 군문을 박차고 광복군에 합류한다. 임시정부와 미국 전략사무국OSS이 기획했던 국내 진공작전의 책임자로서 수도 서울로의 진격을 꿈꿨지만 핵폭탄을 얻어맞은 일본이 무조건 항복하면서 물거품이 되고 말았지.

'원수'에 걸맞은 인물

그는 귀국해서 한국군에 입대하고 곧 장군이 돼. 엉성한 독립군의 일원으로 외국군 장성을 지낸 군인이 나이 쉰이 돼서야 제자리를 찾은 거지. 한국전쟁은 또 한 번 그를 시련으로 몰아넣었어. 전쟁이 터지고 사흘 만에 서울이 무너져 내렸을 때 대한민국은 그야말로 장대 위의 달걀 신세였어. 대통령은 몰래 도망가 대전에서 서울 사수를 부르짖는 방송을 녹음했고 참모총장이란 이는 병력의 50퍼센트가 한강 이북에서 전투 중일 때 한강 다리를 폭파하는 만행을 부렸지. 미군이 부산에 상륙해서 전열을 가다듬을 사이도 없이 전 국토가 넘어갈 판이었어. 그때 기적처럼 나타난 이가 김홍일 소장이었어. 연대 단위를 지휘해본 경험자도 드물었던 한국군에서 김홍일은 대규모 부대를 운용해본 거의 유일한 사람이었고 그는 경기도 시흥지구 전투사령관으로 인민군의 남하를 막기 위한 절체절명의 임무를 맡게 돼.

……김홍일 소장이 자기 책임 아래 부서진 군대를 재편성하고 있었다. 내가 만난 가장 멋있는 사람 가운데 한 사람인 김 장군은 미소로 그어지는 잔주름과 반백의 머리칼로 인해 어디서나 눈에 띄었다.……김 장군은 그때 패전 시기에 만난 모든 군인들, 바로 그 불길한 수요일 보병학교 연병장으로 끌려온 군인들을 일일이 만나보고 격려했다.……바로 그 우울한 날 김 장군이 보여준 것같이 군사적 패주 속에서 즉각 재편성하는 역량과 지도력을 보여준 장군들이 군 역사에 얼마나 많은지 의심하지 않을 수 없다.

–해롤드 노블,《이승만 박사와 미국 대사관*Embassy at War*》중

중국에서 만주에서 산전수전 다 겪었던 김홍일은 거의 전력이 붕괴되다시피 한 상황에서도 흔들리지 않는 미소로 병사들에게 희망을 불어넣었어. 애초 미군의 요구는 사흘만 버텨달라는 거였어. 그전에 한국군이 무너진다면 미군은 부산에 상륙했다 해도 다시 일본으로 돌아가버릴 수밖에 없다는 절박한 선언과 함께. 김홍일 장군과 허약하기 그지없던 한국군은 무려 일주일이라는 황금 같은 시간을 버는 데 성공했어. 김홍일 장군이 없었다면 낙동강 방어선도 애초에 성립할 수 없었을 거야.

그의 일생을 보면 한국 현대사의 굴곡이 보여. 이승훈에게 감화 받은 오산학교 졸업생이 만주로 가 독립군이 됐다가 중국 군대의 장성까지 올라갔고, 윤봉길 의사의 폭탄을 만들어서 "100만 대군이 못할 일(장제스의 표현)"을 해내기도 했으며, 광복군 참모장이 됐다가 해방 이후에는 다시

중국군에 돌아가 한국인들의 순조로운 귀국을 위해 노력했고, 어렵게 귀국해서는 일본군·만주군 출신 장교들과 함께 동료가 돼 국군을 건설하고 북한 인민군과 사생결단을 벌이기까지 한 기구하고도 사연 많은 군인이 세상 어디에 또 있을까.

그가 중장으로 예편하고 중화민국 대사로 나가게 됐을 때 이승만 당시 대통령은 이렇게 그를 치하해. "김 장군이 군인으로서 우리나라에 기여한 공로를 생각하면 5성 장군으로 제대시켜야 하는데, 우리 군에 그런 제도가 없다고 해서 그리 못했습니다. 하지만 김 장군은 우리나라 별 세 개에다 중국 별 두 개를 보태면 5성 장군과 마찬가지입니다." 아빠는 이승만 전 대통령을 매우 싫어하지만 최소한 김홍일 장군에 대한 평가만은 기꺼이 동의해. 그분은 대한민국의 5성 장군, '원수元帥'에 걸맞은 사람이었어.

2016년 9월 23일 이경근 서울지방보훈청장이
김홍일 장군 36주기 추도식에서 헌화 후 묵념을 하고 있다.
ⓒ 국가보훈처

18

조선의 '걸레'와 바다의 신사—
초대 해군참모총장 손원일 부자

여기 한 부자父子가 있다.
아버지 손정도 목사는 '걸레와 같은 삶'을 택해 불쌍한 동포를 도우며
살겠다고 독립운동에 나섰다. 아들 손원일 제독은
해방 이후에 조선의 바다를 지킬 해군을 건설하는 데 매진했다.

중일전쟁과 태평양전쟁을 치르면서 인력이 달린 일본은 조선 청년들을
대거 전장으로 끌고 갔어. 징집된 조선 청년이나 일본군 장교가 된 조선
인은 대개 육군이었지. 일본 해군도 태평양전쟁 말기에는 조선인을 징집
하지만, 군함에 태우는 경우는 거의 없었고 더구나 장교는 전무하다시피
했어. 첨단 기술을 운용해야 하는 해군 특성상 조선인을 받지 않았다고도
하고, 한 배에 탄 이상 함께 살고 함께 죽어야 하기에 조선인을 끼워 넣기

꺼려했다는 설도 있어. 이유야 어쨌든 일본 해군으로서 전투를 치르거나 해전海戰을 지휘해본 조선인은 찾아보기 힘들었다는 얘기지.

해방이 왔다. 새 나라의 군대를 건설하던 무렵 육군은 그 출신들이 형형색색이었어. 광복군을 비롯한 독립군, 중국군에다 일본의 괴뢰국인 만주국 군대, 일본군 출신까지 두루 섞여 있었으니까. 해군은 달랐어. 위에서 언급했듯 일본 해군이 조선인을 받아들이지 않았기에 해군 창설은 지극히 '자주적'인 손길로 이뤄졌지. 그 중심에 손원일 제독(1909~1980)이 있었어.

먼저 손원일 제독의 아버지 손정도 목사에 대해 짧게 소개할 필요가 있어. 지금 북한을 통치하는 김정은 국무위원장의 할아버지 김일성은 그의 회고록에서 "한 생을 목사의 간판을 걸고 항일성업에 고스란히 바쳐온 지조가 굳고 양심적인 독립운동가"를 찬양하고 있는데 그가 손정도 목사야. 대한민국 임시정부 의정원 의장을 지낸 그는 만주로 옮겨 활동하던 중 중학교 선배의 아들이 독립운동 혐의로 감옥에 갇힌 것을 알고 발 벗고 나서서 그를 구해줘. 바로 그이가 김일성이었어.

1920년 도산 안창호의 생일 기념으로 함께 사진을 찍은 독립운동가 손정도 목사(오른쪽).

손정도 목사는 늘 이렇게 말했다고 해. "비단옷은 없어도 그만이다. 그러나 걸레는 하루만 없어도 집안이 엉망이 된다. 나는 걸레와 같은 삶을 택해 불쌍한 우리 동포들을 도우며 살겠다." 우리 역사에 폼 나는 비단 깃발로 사람들 앞에 나부끼고파 안달했던 사람들은 참 많았다. 반면 걸레처럼 후미진 데를 닦고 더러운 것을 털어내면서 헌신한 사람들은 그보다는 적었지. 손원일은 조선의 '걸레'를 자임하며 평생을 바친 독립운동가 손정도의 아들이었단다.

그는 바다를 좋아했어. 중화민국 해군에 입대할 생각도 하지만 워낙 문제가 많다는 사실을 듣고는 민간 상선의 항해사가 돼. 동양인으로서는 보기 드물게 수만 톤급 화물선 운항 경험도 쌓았던 그는 광복을 맞은 조선의 바다를 지킬 해군을 건설하기로 결심한다. 해방되자마자 귀국한 그는 8월 21일 그러니까 해방되고 엿새 뒤 몇몇 동료와 함께 풀 통을 들고 길거리를 돌며 영화 포스터 붙이듯 벽보를 붙이기 시작해. "조국의 광복에 즈음하여 앞으로 이 나라 해양과 국토를 지킬 뜻있는 동지들을 구함." 이렇게 모인 동료가 70명에 이르렀고 미군정의 승인을 얻어 1945년 11월 11일 해방병단海防兵團을 조직하게 돼. 오늘날에도 이날은 우리 해군 창설일로 기념되고 있어. 이 날짜를 출범일로 정한 건 손원일이었어. 그는 "해군은 바다의 신사紳士"라는 믿음을 지니고 있었는데 십十과 일一 두 글자를 합치면 선비 사士가 된다는 뜻에서 11월 11일을 창설일로 정했다는구나.

이 70명은 의기양양 일본 해군 기지가 있던 진해로 내려갔으나 무진장 고생이 많았어. 진해의 미군 지휘관이 "나는 연락받은 바 없소!" 하며 딴전을 피우지를 않나, 보급품도 없고 제대로 된 지원도 없는 상태에 지쳐버린 동지들이 조직을 이탈해 돌아가지를 않나, 정말로 그 시작은 미약하기 그지없었지. 하다못해 군가조차 제대로 없어서 일본군 군가에 우리말 가사를 얹어 부를 정도였으니까. 그때 손원일 제독의 부인 홍은혜 여사가 만든 노래 〈바다로 가자〉는 지금껏 해군의 영혼 같은 노래로 남아 있어. "우리들은 이 바다 위에 이 몸과 마음을 다 바쳤나니 바다의 용사들아 돛 달고 나가자 오대양 저 끝까지……."

월급을 갹출해 사들인 첫 군함 '백두산함'

바다로 가고 싶어도 배가 있어야 가지 않겠니. 신생 독립국의 가난한 사정은 함포를 장착한 군함 한 척 장만하기도 쉽지 않지. 한국군 최초의 장성 중 하나가 된 손원일 제독은 1949년 6월 '함정 건조기금 갹출위원회'를 출범시키고 본인이 위원장을 자임한다. 그리고 나서 월급을 갹출하기 시작했어. 장교는 10퍼센트, 병조장은 7퍼센트, 하사관 수병은 5퍼센트를 매달 봉급에서 제했다고 해. 해군 장교와 병사들의 부인들도 바느질을 하고 수공예품을 팔고 허드렛일을 하며 돈을 모았어. 그렇게 넉 달 동안 1만 5,000달러를 모아. 이 돈에다가 이승만 대통령이 내준 정부 보조

1946년 9월 진해 조선해안경비대를 방문한 백범 김구(앞줄 가운데).
뒷줄 왼쪽에서 두 번째가 손원일 제독.
ⓒ 백범기념관

금을 보탠 6만 달러로 한국 해군은 첫 군함을 산다. 그게 '백두산함'이었어. 이 백두산함은 한국전쟁 발발 후 후방에 침투하려던 공산군 유격대를 태운 수송선을 격침시키는 지대한 공을 세우게 되지.

한국 해군과 해병대는 성장해갔고 해군 초대 참모총장 손원일은 그 선두에 있었단다. 인천상륙작전에 필요한 정보를 수집하고 주변 섬들을 점령했던 이들은 해군이었고, 해병대는 서울 탈환의 선봉으로 중앙청에 태극기를 올리는 감격을 연출하기도 했어. 이 밖에도 손원일 제독의 활약상은 많겠지만 아빠가 네게 얘기해주고픈 손원일 제독 최고의 순간은 따로 있어.

그는 부하들에게 세 가지를 강조했다고 해. "첫째, 장병들을 구타하지 말라. 둘째, 포로와 부역자를 함부로 죽이지 말라. 셋째, 명령 불복종, 도망 장병 등 위법자는 즉결처분하지 말고 군법에 회부하여 처리하라(오진근·임성채, 《손원일 제독》)." 뺨 때리는 걸 능사로 알던 일본군의 악습을 혐오했던 독립투사의 아들로서 손원일 제독은 한때 좌익에 관계했다는 이유로 멋도 모르는 농부들까지 죄 잡아 죽였던 학살의 광풍을 어떻게든 막아보려고 애쓴 군인이었어. 자기 차를 추월했다는 이유로 추월한 트럭 운전병을 쏘아 죽이는 장군이 출세 가도를 달렸던 한국군의 현실 속에서 더욱 도드라지고 우뚝 솟았던, "국민을 지키고 부하를 아낄 줄 알았던" 군인이었던 거야. 서울 수복 후 처음 내린 포고령도 "공산군에 협력했을지라도 북으로 도망하지 않은 사람은 죽이지 말라"였고 임시 수도 부산으로 달려가 대통령에게 수복 보고를 하면서도 부역자에 대한 관대한 처리를 탄원했어. 이승만 대통령은 그 말을 귓등으로 들은 것 같지만.

전쟁 중 손원일 제독에게 부역자 400여 명이 맡겨진 적이 있어. "빠른 시일 내에 처형하라"는 은밀한 지시와 함께. 손 제독은 비밀리에 그들을 배 수리 공장에 투입했지. 그러자 또 다른 요청이 왔어. "우리가 총살할 테니 인계하시오." 손 제독은 이를 단호히 거절해. "죽여도 내가 죽일 테니 걱정하지 말고 가시오." 이후 손 제독은 순차적으로 그들을 석방했고 꼼짝없이 죽을 목숨이었던 400명은 다시금 생을 이어가게 됐던 거야.

용맹한 군인은 많았어. 그러나 자신이 지켜야 할 국민에게까지 사납기 그지없었던 이들이 많았고 심지어 적에게는 고양이였던 주제에 자신이 보위해야 할 국민들의 생명에 호랑이 송곳니를 박아 넣었던 군인들도 없지 않았던 것이 우리 군軍이 기억해야 할 역사야. 그래서 손원일 제독의 존재는 더욱 찬란해. 해군을 만들기 위해 맨주먹으로 풀 통 들고 다니며 동지들을 모집했던 결기와 전쟁에서 보여준 눈부신 전공에 더하여, 생명의 소중함을 알고 그것을 위협하는 명령에 정면으로 맞섰던 바다의 신사로서 보여준 용기까지. 우리에게도 그런 군인이 있었단다.

19

어느 '별'보다 빛났던 '장군의 아들' 하사 신박균

1950년, 열일곱 살의 신박균은
전쟁이 터지자 즉시 입대했다. '장군의 아들'이자
'장군의 동생'인 그는 출신 성분의 '빽'을 지워버리고
포병대 졸병으로 근무하다 전사했다.

얼마 전 우리나라 합동참모본부 의장, 즉 군 최고위직을 지낸 이순진 대
장이 42년의 군생활을 마치고 전역했어. 그동안 45번 이사를 다녔고 동
생들 결혼식에도 참여하지 못했다는 이 노장老將에게 문재인 대통령은 비
행기 표를 선물했지. "캐나다에 산다는 딸집을 부부 동반 방문하시라"는
취지로. 육군 대장 부부가 공관병들을 종같이 부린 일이 폭로돼 구설에
오르고 군인들을 바라보는 눈이 곱지 않은 터에, 졸병들에게도 워낙 따뜻

하게 대해 '순진이 형'이라는 애칭으로 불렸다는 진짜 군인의 퇴장을 보면서 만감이 교차하더구나. 그런 뜻에서 오늘부터 몇 주간은 대한민국 군 역사에 등장하는 참 군인들의 이야기를 들려주고자 해.

한국전쟁 때 나온 우스개 아닌 우스갯소리가 있다. '한국군 병사들이 마지막 순간 내지르는 비명 소리는 무엇일까?' 답은 "빽!"이야. 무슨 의미인가 하면 '빽'을 쓰지 못해 전방으로 왔고, '빽'이 없어서 결국 총 맞고 죽는다는 슬프고 안타까운 농담이었지. 이건 객쩍은 농담만은 아니었어. 한국전쟁 당시 한국의 부유층, 특권층 가운데에는 이게 전쟁을 치르는 나라 국민인가 싶을 만큼 '갑질'하고 횡포를 부린 이들이 많았기 때문이야.

전쟁이 발발하고 얼마 못 가 국군은 낙동강까지 밀렸어. 낙동강을 건너려는 인민군과 막으려는 국군과 유엔군이 이를 악문 혈투를 벌이던 그즈음, 육군 본부는 한 대령을 불러 '특수 임무'를 부과했어. 헌병 1개 소대를 이끌고 부산항 일대의 선박을 수색하라는 거였지. 그들이 부산 앞바다에 떠 있던 배들을 덮쳤더니 그야말로 기가 막힌 풍경이 펼쳐졌어. '유명 정치인과 고위장성까지 붙들려 왔는데 이들은 도망갈 준비를 하고 배에 탄 채로 염탐을 하고 있었으며, 그중에는 중령급 이상 8명도 포함되어 있어서 체포(안용현, 《한국전쟁비사》)'된 거야. 그 배들은 온갖 재산과 물건을 싣고 여차하면 일본이나 제주도로 튈 태세를 갖추고 있었어.

1950년 9월 8일, 인천상륙작전이 9월 15일이니까 여전히 낙동강 전선에서 국군 장병들이 필사적으로 인민군들을 막아내고 있을 즈음 육군 참모총장 정일권 대장은 이런 포고를 내리고 있네. "1. 장병들의 요정·식당 출입을 엄금한다, 2. 입원 환자의 외출을 엄금한다, ……4. 본부 장교는 일체 병영 내에 거주하라." 후방의 장병들이 요정, 즉 술집에서 권주가를 부르는 일이 많았고, 병원에는 가짜 환자들이 득시글거렸고, 병영 밖에 살림 차린 장교들도 많았다는 뜻이야. 다 '빽' 있고 집안 배경이 좋은 특권층의 자제였겠지. 절체절명의 위기에 놓인 나라의 분위기가 이 지경이었다면 그 나라는 망하지 않은 게 용한 일 아닐까.

바로 그 무렵, 육군 포병학교에서는 신병들이 여름 내내 무더위와 싸우며 군사훈련을 받고 있었어. 신박균이라는 열일곱 살의 병사도 있었지. 그는 당시 중학생이었지만 전쟁이 터지자 즉시 입대했다. 신박균과 함께 훈련받던 장정들은 아마 두 번 놀랐을 거야. 우선 솜털도 가시지 않은 어린 학생이 자진 입대한 것에 놀랐을 테고, 두 번째로는 그가 누구의 아들이고 누구의 동생인지 알고는 눈이 휘둥그레지며 외쳤을 테지. "아니 근데 왜 여기 있어?"

신박균 훈련병은 이미 육군 참모총장을 지낸 원로급 군인이자 1952년에는 국방부장관에까지 오르는 신태영 장군의 아들이었어. 한국군 포병의 아버지라 불리는 포병사령관 신응균 장군의 막내 동생이었던 거야. 이정도 '빽'이라면 졸병으로 포병대에서 '포탄밥' 먹지 않고 피란 수도인 부산의 '본부'에 근무하면서 군화에 광내고 댄스홀을 누벼도 무방할 출신 성분이었어. 이런 '장군의 아들'이자 '장군의 동생'이 대포 소리에 고막이 터져 귀 멀기 일쑤였고 어깨가 부서져라 포탄을 날라야 하는 포병대 졸병으로 근무한다는 건 당시 사람들로서는 상상하기 어려운 일이었지. 신박균 훈련병은 그런 시선 자체를 의아해했어. 그는 집에 보낸 편지에서 이렇게 말하고 있구나.

"졸업을 앞두고 포병학교장님이 불렀습니다. '원한다면 신 장군(신응균 포병사령관) 밑으로 보내주겠다'고 하더군요. 제가 거기에 찬성해야 옳았겠어요? 아버님이나 형님 빽으로 위험을 피하고 편하게 군대생활을 한다면 남들이 뭐라고 하겠습니까?"

이 대목을 읽으면서 아빠는 '군인정신'을 떠나서 참으로 바르고 용감한 한 '인간'의 됨됨이에 감탄하게 돼. 신박균 하사인들 그와 비슷한, 아니 그보다 훨씬 못한 '빽'을 지닌 사람들조차 악을 쓰고 용을 써서 군대를 빼거나 안전한 후방으로 배치 받던 사실을 몰랐겠니. 신박균 훈련병은 '남들이' 그런 꼬락서니를 보고 어떤 울분을 터뜨리고 있는지 알았기에 단호하게 아버지와 형의 '빽'을 지워버린다. "언니(형 신응균 장군을 의미)가 시찰을 오시는데 저의 훈련 태도를 보고는 만족한 표정을 짓곤 합니다. 이러한 형님의 얼굴을 볼 때 기뻐서인지 슬퍼서인지는 몰라도 저도 모르게 몇 방울의 눈물이 훈련복을 스쳐 땅 위에 떨어졌습니다. ……어머니의 아들 박균이는 포병 사령관 신응균을 아는 척도 하지 않았습니다."

육군 참모총장을 지낸 신태영 장군(왼쪽)과
포병 사령관 신응균 장군(오른쪽). ⓒ Google 갈무리

훈련을 마친 뒤 신박균은 하사 계급을 받고 제26포병대대에 배치돼. 그 동료들은 여전히 그를 이해할 수 없었던 모양이야. 신박균 하사는 이런 편지도 남기고 있어. "차라리 어리다는 트집을 잡으면 잡을 수도 있을 텐데 다른 전우들은 그것보다 우리 집 가문부터 따집니다. 차라리 이런 경우에는 장군 많은 문벌의 후손은 사병이 되기도 힘들다는 생각을 합니다."

신박균 하사는 참으로 고귀하고도 용감하게 자신의 존재를 빛낸단다. "극단의 관료주의적 관존민비 사상을 없애버려야 할 젊은 세대인 우리들은 이런 썩어빠진 나쁜 정신을 뿌리째 뽑아버리지 않으면 안 될 줄 압니다. 어머니, 아무튼 신 하사로 불리는 저를 명예롭게 생각하고 있습니다."

그 어느 별보다도 찬란하게 빛나는 갈매기(하사 계급장)를 철모에 단 명예로운 신 하사는 제26포병대대의 사병으로 일선을 누비며 싸웠고 중공군과 인민군이 다시 서울을 점령하기 직전, 1951년 1월 2일 가평 지구 전투에서 전사했어. 전사라기보다는 소속 부대가 전멸하면서 어떻게 최후를 맞이했는지조차 알려지지 않은 쪽이지.

신박균 하사의 집안에는 별이 여섯 개였다. 대한제국 육군 무관학교 출신인 신태영 장군과 그 장남 신응균 장군은 모두 중장으로 예편했어. 이 둘은 모두 일제강점기 일본군 장교였지. 아버지 신태영은 동료들이 일찌감치 한국군에 들어가 높은 자리 차지할 때 그를 마다하고 근신하다가 뒤늦게 군대에 참여했고, 신응균 또한 자신의 일본군 경력을 부끄러워하여 학교 수학 선생을 하며 군인 되기를 사양하다가 1948년에야 장교가 됐지.

부자父子의 일본군 경력을 비호할 생각은 없다만, 그렇듯 부끄러움을 아는 집안이었기에, 명예의 소중함을 이해하는 집안이었기에 참되고 바른 인간이자 군인이었던 신박균 하사를 배출할 수 있지 않았나 싶다. 사진 한 장 제대로 남아 있지 않을 신박균 하사의 명복을 빈다. 진흙탕 속에 핀 연꽃 같은 신 하사 같은 이가 있었기에 그 아수라장 속에서도 대한민국은 망하지 않았다고 되뇌면서 말이야.

1951년 11월 20일 중공군 적진을 폭파하기 위해
곡사포를 장전하는 미군 제25사단 소속 군인들.

20

1951년 김영환 공군 편대장은 공비 토벌을 위해
경남 합천 해인사를 폭격하라는 명령을 따르지 않았다.
적을 폭격하려는 전의와 죽음의 공포 사이에서도 그는
천년의 세월을 귀하게 여길 줄 아는 사람이었다.

한국 영화의 이른 절정기라 할 1950~1960년대를 빛낸 영화감독 가운데 신상옥의 이름을 빼놓을 수 없지. 이분은 2006년 여든의 나이로 세상을 떴는데 그 영결식장에 매우 절도 넘치는 손님들이 찾아왔어. 다름 아닌 공군 군악대였지. 그들은 숙연해 마땅한 영결식장의 분위기와 걸맞지 않은 신나고 힘찬 멜로디를 연주하기 시작했어. 〈빨간 마후라〉라는 노래였어. 신상옥 감독이 1964년에 만든 영화 〈빨간 마후라〉의 주제가였어. 이

영화가 대히트를 치면서 공군 전투기 파일럿 하면 빨간 머플러(마후라)를 연상하게 됐고, 이 노래는 자연스럽게 공군을 상징하는 노래로 굳어졌던 거야. 공군 측이 거장의 마지막 가는 길에 특별히 이 노래를 바치겠다고 나선 데에는 그런 이유가 있었지. 그런데 이 빨간 마후라를 최초로 도입한 사람이 있었어. 누구였을까?

1946년 미군정하에서 국방경비대가 창설됐어. 육군은 비교적 빠르게 대오를 갖췄지만 공군은 거의 '논외'였지. 미국조차 그즈음 육해군 항공대로부터 공군을 독립시키고 있으니 식민지에서 갓 벗어난 조선에서 '공군'이란 상상하기 어려웠을 거야. 하지만 항공 기술을 익힌 일곱 명이 국방경비대 보병학교에 입교하여 장교로 임관하면서 '항공 전력'에 대한 문제가 제기돼. 그 일곱 명 중 연배는 가장 어렸지만 영어에 능통해서 미군정청 통위부(국방부) 정보국장 대리까지 꿰찬 김영환이라는 사람이 있었어. 그는 조선에 무슨 항공대냐며 코웃음을 치는 미군 장교를 물고 늘어졌어. "비행 기술이 있는 사람들이 있다니까요."

앞서 말한 공군의 시초라 할 장교 7인은 광복군에서 활약한 최용덕도 있었지만 대부분 옛 일본군 출신이었지. "일본군 출신?" 하며 네가 볼멘소리를 낼 수도 있겠다만 조선 천지에서 비행 기술을 익힌 이는 손으로 꼽을 정도였다는 점을 감안해야 할 것 같구나. 하다못해 북한 인민군 공군의 아버지라 불리는 이활조차 일본 항공학교 출신이었으니까 말이야. 우여곡절 끝에 1948년 5월 경비대 내에 항공경비대가 창설됐고 이를 모태로 1949년 10월 1일에는 정식 대한민국 공군이 출범해. 초대 참모총장으로는 김정렬이 임명됐지. 그는 김영환의 친형이었어(김정렬은 일본군 비행중대장까지 했으니 친일 시비는 피할 수 없고, 1993년 공군사관학교에 동상 건립이 추진됐으나 일부 장교와 생도들의 반발로 중단된 적도 있음을 적어둔다).

어느 날 초대 공군참모총장 김정렬의 사무실에 급박한 전화가 날아들었어. "비행기들이 한강 다리 아래를 왔다 갔다 하고 있습니다. 이번에 미국에서 들여온 연습기 L-4 있지 않습니까. 그 비행기 세 대가 그러고 있습니다." 그야말로 기절초풍도 모자랄 소식이었지. 사실을 파악해보니 훈련기를 잡아탄 김신(백범 김구의 차남), 장성환, 그리고 총장의 동생 김영환 세 '악동'의 대담한 장난이었어. 김정렬 총장 부인의 회고에 따르면 총장은 이 악동들을 일주일 동안 영창에 가둬버렸다고 해. 장난을 친 이유는 "비행기가 들어온 게 너무 좋아서 그랬습니다"였어.

이윽고 전쟁이 터졌어. 장난기 넘치던 김영환을 비롯한 공군 장교들은 생사를 건 전투에 나서야 했지. 전쟁 초반에는 연습기 위에 올라타고 수류탄을 까서 떨어뜨리며 싸웠고 미군으로부터 전투기를 양도받은 이후에는 여러 작전에 참여하여 공훈을 세웠지. 그 와중에 탄생한 것이 '빨간 마후라'야. 공군 웹진 《공감》에 실린 김정렬 총장의 부인 이희재 여사에 따르면 사연은 이랬어. "남편이 자주색 옷감을 가져오서서 그것으로 치마를 만들어놓았는데, 마침 방문한 시동생이 그 치마를 보더니 대뜸 자기에게 달라는 거야. 조종복에 마후라로 차면 멋있겠다고. 그래서 마후라를 만들어 줬지." 즉 원래는 '자주색 마후라'였지만, 김영환이 근무하던 강릉의 시장에서 단체로 맞추는 과정에서 이게 '빨간 마후라'가 됐다고 하네. "형수! 앞으로 공군 마후라는 이겁니다" 하면서 김영환은 그렇게 좋아했다는구나.

잘못된 폭격 명령을 거부한 양심

1951년 여름, 김영환의 편대는 새로운 작전에 투입된다. 당시 지리산을 비롯한 소백산맥에는 빨치산들이 무수히 움직이고 있었는데 이 '산사람' 들의 근거지가 되고 있는 한 구조물을 폭격하라는 지시가 내려왔어. 그 구조물이란 뜻밖에도 가야산 해인사였어. 팔만대장경이 보관돼 있는 바로 그 해인사.

빨치산들은 산간 지역을 주 무대로 했고 산중에 있는 절은 그들에게 안성맞춤의 은거지이자 집결지가 됐지. 당연하게도 이쪽의 군경은 빨치산에게 유용한 절들을 없애려 들었고 말이야. 네가 죽느냐 내가 죽느냐 하는 전쟁터에서 문화재 따위는 그다지 중요한 고려 대상이 되지 못했어. 천년 고찰인 오대산 월정사가 불탔고 에밀레종에 버금간다 할 옛 선림원 동종도 녹아내렸어. 만해 한용운의 자취가 서린 백담사도 재가 돼버렸으며 그 외 수많은 보물이 사라졌지. 유감스럽게도 그 대부분은 우리 군대와 경찰의 손에 파괴됐지. 해인사도 그럴 위기에 처했지. 몽골의 군대에 맞서고자 하는 지성으로 새겼고 임진왜란의 그 큰 참화도 용케 피했던 불굴의 기념물 팔만대장경도 땔감이 될 판이었어. 그런데 편대장 김영환은

김영환 장군(1921~1954)은
최초로 전투복에 빨간 마후라를 착용했다.
ⓒ Google 갈무리

"적들이 해인사로 몰리고 있습니다" 하는 부하의 채근을 들으면서도 끝내 공격 명령을 내리지 않았다고 해.

그는 해인사를 생각하고 있었고 그 대장경판에 든 천 년의 세월을 염두에 두고 있었던 거야. "우리도 항공대를 가져야 합니다"라며 미군 장교를 들들 볶던 젊은이, 한강 다리 아래를 비행기로 통과하여 사람들을 기겁시킨 악동, 형수의 자줏빛 치마를 보고 "형수. 그거 마후라 만들어주쇼"라고 말해 '빨간 마후라'의 원조가 된 공군 파일럿은 그렇게 국보를 구한다. 사실 여부에 대한 논란은 있지만 일설에 따르면 "사찰이 나라보다 귀하냐?"라고 힐난하는 이 앞에서 김영환 편대장은 이렇게 답했다고 해. "나라보다 귀한 사찰이야 없겠지만 해인사는 공비(토벌)보다는 귀하지 않겠소."

그는 이런 글을 남기고 있어. "조종사들에게 적을 분쇄할 생각 외에는 없다고 해도……집중된 목표밖에는 전연 생각 아니 되는 것도 아니며……우리들은 금수강산 중에서도 금강산의 고운 단풍을 볼 적마다 지극히 우아한 시정을 가질 수 있다." 적을 폭격하려는 전의와 죽음의 공포 사이에서도 그는 금강산의 단풍을 볼 줄 아는 사람이었어. 시를 읊어 찬미하고 싶어 할 만큼 자신이 지키고자 하는 대상의 가치를 가슴에 담았던 사람이었지. 그랬기에 그는 팔만대장경을 품은 해인사를 차마 폭격할 수 없었던 게 아닐까.

한국전쟁 당시 명령에 따라 살고 명령에 따라 죽는 군인은 많았다. 하지만 그 명령이 잘못됐을 때, 또는 양심상 자신이 감당할 수 없는 명령일 때 그를 거부하는 군인은 드물었어. 전쟁은 핑계가 됐고 전시戰時는 합리화의 근거였으니까. 그 속에서 많은 민간인이 학살됐고, 참으로 아까운 문화재들이 잿더미로 사라졌어. 김영환은 누구보다 용맹했으면서도 그

용맹이 쓰일 데를 가릴 줄 알았던 현명한 군인이자 '빨간 마후라'였어.

　그는 최후까지도 전설이었어. 강릉 공군 행사 참석차 비행기를 몰고 가던 중 1954년 3월 5일 대관령 어디쯤에선가 자취도 없이 실종되어버린 거야. 수색대가 그의 흔적을 더듬었지만 그의 애기愛機도, 그도 태백산맥 어디로 사라진 것인지 알 길이 없었지. 비행기 위에서 굽어보는 경치에 감탄하다가 바다에라도 빨려 들어간 것인지, 하늘로 솟은 것인지 그것은 알 길이 없네. 김영환 준장(추서)은 그렇게 세상을 떠났다. 아니 그 이후 세상에 나타나지 않았다고나 할까.

경남 합천 해인사는 매년 김영환 장군 호국 추모제를 열고 있다.
해인사와 팔만대장경을 지킨 뜻을 기리고자 2010년 8월 21일,
문화재청은 김 장군에게 금관문화훈장을 추서했다.

21

제주 4·3사건의 운명을 바꾼 세 군인

제주 4·3사건 당시 9연대장이던 김익렬 중령은
인민유격대 사령관을 만나 협상했다.
하지만 평화를 못마땅해 하는 미군정은 그를 해임했다.
끝내 제주도민 수만 명이 죽고 말았다.

오늘은 네게 참 하기 힘든 얘기를 들려줘야겠구나. 올해는 2019년. 1948
년 4월 3일 남한만의 단독 총선거 반대를 외치는 제주도민들이 무장봉기
를 일으킨 4·3사건 71주년이다. 무장봉기라고 하지만 무장은 빈약하기
이를 데 없었어. 구식 일제 소총 27자루, 권총 3정과 죽창이 그 '무장'의
전부였으니까. 실제 봉기에 참가한 이들도 수백 명에 불과했어. 그나마
공산주의 이념에 충실한 이들은 소수였고 미군정의 그릇된 행정과 경찰

들의 만행에 분노한 제주도민이 대부분이었지.

이 사태를 꿰뚫어본 사람이 있었어. 제주도 주둔 9연대장 김익렬 중령. 그는 4·3을 이렇게 파악했어. "이는 미군정의 감독 부족과 실정으로 인해 도민과 경찰이 충돌한 사건이며 관의 극도의 악정에 견디다 못한 민이 최후에 들고일어난 폭동이다."

4·3 이전부터 미군정은 육지의 경찰대는 물론이고 좌익이라면 이를 가는 북한 출신 월남민으로 구성된 서북청년단을 제주도에 투입했고 이들은 가혹한 진압으로 제주도민들에게 원성을 사고 있었거든. 특히 서북청년단의 만행은 상상을 넘어섰어. 그들에게 '빨갱이'란 곧 악마였고 제주도는 악마의 섬 같은 곳이었단다. 대부분 개신교인이었던 서북청년 단원들은 "하나님!"을 부르짖으며 사람의 몸에 죽창을 꽂고 산 채로 불태우는 악행을 태연하게 자행했어. 공산주의의 기역 자도 모르는 제주도민이라도 그들의 만행 앞에서는 치를 떨 수밖에 없었지.

미군정은 무장봉기를 즉시 진압하라고 명령하지만 김익렬 중령은 제동을 건다. "극렬분자는 200~300명에 불과한 만큼 화평 선무 귀순 공작을 펴보고 그 뒤에 토벌해도 늦지 않습니다." 그뿐 아니라 그는 실로 대담한

1948년 4·3 진압을 위해 5·5 최고수뇌회의 참석차 제주에 온 수뇌부들. 맨 오른쪽이 김익렬 중령. ⓒ미국립문서기록관리청 소장

'선무 귀순' 공작을 펼친다. '인민유격대' 사령관이라는 김달삼을 직접 만나기로 한 거야. 1948년 4월 28일 오후 1시 제주도 주둔 국방경비대 최고 지휘관 김익렬은 운전병과 장교 한 사람만 거느리고 인민유격대가 지정한 회담 장소로 향해. 5시간의 밀고 당기는 협의 끝에 그들은 즉각적인 전투 중지, 무장해제 및 투항, 범법자 명단의 자발적 제출(명단 외의 사람은 수사와 처벌 대상에서 제외) 등 파격적인 합의를 끌어냈어. 이 약속의 이행을 보증하기 위해 김익렬 중령은 또 한 번 결단을 내린다. "내 가족을 인질로 삼으시오." 그러자 인민유격대 사령관 김달삼은 이렇게 대답한다. "노인을 산중에 머물게 할 수는 없으니 우리 무장대가 감시할 수 있는 민가에 머물도록 하시오."

이 협상이 순조롭게 이뤄졌다면 제주 4·3사건은 소수 희생자를 낳은 며칠간의 소요 사태로만 역사에 기록됐을지도 몰라. 공권력에 맞서 일어선 이들일망정 궁극적으로 자신이 보호해야 할 대상임을 포기하지 않았던 국군 지휘관과, 무기를 들었을망정 최악의 사태는 피하고 싶었던 것으로 보이는 인민유격대 사령관은 제주 바다를 바라보며 술잔을 나눴을지도 모르지. 그러나 그 평화를 못마땅해하는 사람들이 있었어. 좌익들과의 평화란 있을 수 없으며 그들을 근절해야 진정한 평화가 온다고 믿는 이들이었지.

"제주도 서에서 동으로 휩쓸어버리는 작전"

5월 1일 오라리里라는 마을에 방화가 일어나 민가 10여 채가 불탔어. 경찰은 좌익들의 소행이라고 우겼지만 김익렬 중령 측의 조사 결과 우익 청년단이 경찰의 비호 아래 저지른 짓이었지. 또 봉기에 가담했다가 평화협상에 따라 마을로 복귀하던 이들이 총격을 받는 일도 벌어졌어. 이것도 경찰과 우익의 소행이었는데, 미군정은 이를 무시했어.

미군정은 김익렬 중령을 제주 주둔 국방경비대 9연대장에서 해임하고, 9연대도 11연대에 편입해버려. 이 11연대장으로 새로 부임한 사람이 박진경 중령이라는 군인이었어. 김익렬과는 달리 박진경 중령은 미군정과 공권력에 저항하는 이들은 물론 그들에게 동조하는 이들 모두를 적으로 돌려버리는 사람이었지. 그의 취임 훈시는 이랬다. "대한민국의 독립을 방해하는 제주 폭동을 진압하기 위해서는 제주도민 30만 명을 희생시켜도 무방하다."

군인 특유의 과장된 표현을 감안하더라도 그의 말은 엄청난 살기를 띠고 있었지. 그는 행동으로 자기의 취임사가 과장이 아니었음을 증명했어. "폭도와 구분이 애매하기 때문에" 한라산 중턱의 중산간 지역 주민들을 쓸어 담다시피 체포해버렸으니까. 부임한 지 불과 한 달 열흘(1948년 5월 6일~6월 18일) 만에 10대와 부녀자 그리고 노인들인 '포로'가 무려 6,000여 명에 달했다고 해. 제주지구 미군 책임자 브라운 대령에 따르면 "제주도의 서쪽에서 동쪽으로 휩쓸어버리는 작전"이었지.

"경비대의 힘을 과시함으로써 일반 민중에게 두려움을 심어주고, 유격대와 그들을 분리시켰으며 유격대를 더욱 깊은 산속으로 몰아넣었다는 점에서는 성공이었다. 그러나 그의 작전은 민중이 그때까지 갖고 있던 경비대에 대한 상대적 호감을 반감으로 전환시켰으며, 경비대 내부를 동요시켰고, 유격대에게 경비대도 경찰과 마찬가지로 자신들의 적이라는 인식을 심어주어 더 큰 대립과 갈등을 불러일으켰다(박명림, 〈제주 4·3 민중항쟁 초기 전개 과정에 관한 고찰〉)." 미군정은 박진경에게 대령 계급장을 달아주며 공로를 치하해. 박진경 대령은 제주도 유지들과 거창한 진급 축하연을 벌이고 크게 취해서 부대로 돌아와 잠들었는데 다음날 아침 그는 깨어나지 못했어. 휘하 3대대장 문상길 중위 등 부하들이 그를 살해해버린 거야.

박진경 대령을 살해한 이들은 남로당, 즉 남조선노동당의 조직원들로 알려져 있어. 하지만 주범이라 할 문상길 중위는 독실한 개신교인이었어. 즉 최소한 유물론을 받아들인 공산주의자는 아니었다는 얘기지. 하지만 그는 자신이 지켜야 할 국민을 적으로 몰고 그 삶의 터전을 초토화해버린 공로로 승진한 상관을 용서하지 못했어. 그의 최후진술을 들어보자.

"우리와 박진경 연대장과 이 자리에 참석한 모든 사람들이 저세상 하나님 앞에서 만나게 될 것이다. 이 인간의 법정은 공평하지 못해도 하나님의 법정은 절대적으로 공평하다." 문상길은 사형선고를 받고 처형된다. 대한민국 수립 후 사형 1호였어.

4·3의 폭풍이 몰아치던 제주도에 있었던 세 군인의 삶과 죽음을 곱씹어보자. 그들의 행적은 이후 우리나라가 맞닥뜨려야 했던 상황과 얼추 비슷해. 해방 공간을 장악했던 것은 결국 우리 편 아니면 죽여야 할 적이라는 극단적 논리였어. 자신의 기득권을 지키기 위해서는 어떠한 희생도 불사할 수 있고 그에 반하는 이들을 악마로 몰아 전멸시킬 수도 있다고 살기등등했던 세력과, 그 반대편에서 그들을 타도하자고 부르짖던 세력이 자석의 양극처럼 버티고 서 있었어.

엉거주춤 주변에 널려 있던 보통 사람들은 자력에 휩쓸리는 쇳가루처럼 양극 주변으로 빨려들어갔지. 김익렬처럼 양극의 중간에서 조율해보려던 이들은 설 곳을 잃었고 끝내 박진경과 문상길처럼 죽고 죽이는 참극으로 치달았단다. 제주도에서만 수만 명이 죽어갔고, 한반도는 전면전이라는 끔찍한 운명을 맞이하게 됐던 거지. 우리가 4·3사건을 제주도에 국한된 사건으로 기억해서는 안 되는 이유야. 우리가 4·3사건을 처절하고도 철저하게 돌아봐야 하는 까닭이란다.

이에 더하여 가장 중요한 것. 1948년 제주 4·3사건에 대해 대한민국 정부는 자신이 돌보고 지켜야 할 국민들을 팽개치고 학살했던 범죄를 저질렀음을 인정했다. 하지만 반성은 한 번으로 그쳐서는 안돼. 대한민국이 민주공화국이고 인간의 존엄성을 근간으로 한 민주주의 국가라면 자신의 참담한 과거와 마주하고 머리 숙이는 일에 게으르지 말아야 하기 때문이야.

1948년 6월 18일 11연대 본부가 설치된
제주농업학교에서 열린 박진경 대령 고별식.
ⓒ 제주 주둔 미군고문관 출신 위슬로스키 소장

22

'육군참모총장'감 박흥주 대령의 올곧은 선택

박흥주 대령은 김재규 중앙정보부장에게 박정희 대통령을 쏠 총을 건넸다.
산동네 열두 평 집에 살았던 그가 남긴 유서에는
"앞으로 살아갈 식구들을 위해 할 말을 못하고 말았지만,
세상이 알 것은 다 알게 될 것이다"라고 적혀 있었다.

김민기라는 가수가 부른 노래 중에 〈늙은 군인의 노래〉가 있어. "나 태어난 이 강산에 군인이 되어 꽃 피고 눈 내린 지 어언 삼십 년"으로 시작해서 "내 평생 소원이 무엇이더냐. 우리 손주 손목 잡고 금강산 구경일세"로 마무리되는 이 노래는 일생 동안 성실하게 나라를 지켰던 군인의 소회를 담담히 그려냈지. 이 노래 중에는 "좋은 옷 입고프냐 맛난 것 먹고프냐. 아서라 말아라 군인 아들 너로다"라는 가사가 있어. 그와 비슷한 실제

사연 하나를 아빠는 아프게 읽은 적이 있다.

어느 군인의 어린 딸은 플루트 배우기를 애타게 바랐다고 해. 플루트 사달라고 조르는 딸을 무릎에 앉혀두고 아버지는 불쑥 이렇게 물어. "비단 장수 왕 서방이라고 아니?" 비단 장수 왕 서방은 비단 팔아 돈 잘 버는 사람이며 아빠는 돈 잘 못 버는 군인임을 주지시킨 뒤 딸에게 이렇게 말했다. "네가 플루트를 꼭 사달라고 조르면 아빠가 군인을 그만두고 비단 장수를 해서 돈을 벌어 사줄 수 있어. 그렇게 해줄까?" 나이 어린 딸이었지만 이 질문 앞에서는 "그냥 아빠 군인 하세요"라고 대답하고 말았다는 구나(《월간조선》 2000년 7월호 〈그날 새벽 4시에 찾아온 남편의 마지막 당부〉).

이 까칠한 아버지는 박흥주 대령(1939~1980)이야. 그러고 보니 네 할아버지와 동년배구나. 명문 서울고등학교를 졸업할 만큼 공부를 잘했던 그였지만 가정 형편상 육군사관학교를 택했지. 육사 18기. 하지만 그는 타고난 군인이었다고 해. 모든 면에서 동기들보다 뛰어났고 "미래의 육군참모총장감"이라는 찬사를 사방에서 들었다지. 포병 장교로 6사단에 근무하던 시절 그의 운명을 바꿀 사람을 만나게 돼. 사단장 김재규였지. 박정희 대통령의 제자이자 후배였고 후일 중앙정보부장으로 중용됐다가 끝내 "야수의 심정으로 유신의 심장을 쏘았던" 10·26사태를 일으킨 주인공.

여담이다만 유신시대 박정희 정권에 맞섰던 여학생들의 회고담으로 화제가 된 책《영초 언니》(서명숙)에는 흥미로운 사연이 등장한다. 데모하다가 감옥에 간 여학생(서명숙 현 제주올레 이사장)은 사기 혐의로 들어온 한 '장군의 부인'을 만난다. 그런데 어느 날 덜컥 박정희 대통령이 죽었다는 소식이 들려와. 그 소식에 대성통곡을 하던 '장군의 부인'은 박정희 대통령을 죽인 이가 다름 아닌 김재규 중앙정보부장이라는 소식에 안면을 바꾸었다고 해. "김재규 장군이 그랬다면 반드시 그럴 만한 이유가 있다는 것이다.……그녀는 나를 가까이에 불러 앉혀놓고 김 장군이 군 시절 얼마나 참된 군인이었는지 내게 조목조목 들려주었다."

감옥에 들어온 사기꾼에게도 '남편의 옛 상관'으로 존경받았던 강직한 군인 김재규는 유능하고도 인품 좋아 보이는 청년 장교를 콕 찍었고, 부대를 옮길 때마다 데리고 다니다시피 함께 근무했어. 전역 후 중앙정보부장이라는 중책을 맡은 김재규는 1978년 4월, 팀 스피리트 육군 담당 장교로 복무하던 박흥주 대령을 호출한다. 중앙정보부장 비서실장. 1년 6개월 뒤 박흥주 대령은 앞서 말했듯 10·26이라는 한국 현대사의 폭풍 같은 사건 한가운데 서게 돼. 김재규 부장에게 박정희 대통령을 쏠 총을 건넨 사람이 바로 박흥주 대령이었단다. 이윽고 그는 체포돼 감옥에 갇힌다. 군인으로서 그의 진가는 그때 여실히 드러나게 돼.

잘나가는 육군 대령에 나는 새도 떨어뜨렸다가 다시 날려 보낼 위세를 자랑했던 중앙정보부장 비서실장이라면 정원이 딸린 저택 몇 채를 가졌더라도 이상하지 않던 시절이었어. 박흥주 대령은 자동차도 못 들어갈 산동네의 열두 평짜리 집에 살았어. 그렇게도 '잘나가는' 사람이었건만 그 형제들이건 친구들이건 박흥주 대령 덕을 본 사람은 아무도 없었다고 해.

"사람들을 희생시킬 수는 없어"

대통령 '시해범'의 집에 들이닥친 카메라 앞에서 박흥주 대령의 딸들은 하염없이 울면서 고사리손으로 쓴 플래카드를 내보였어. "우리 아빠 살려주세요." 플루트를 사달라는 딸에게 "아빠가 나라 지키는 군인 그만두고 비단 장수 할까?"라며 을러대던 고지식했던 아버지는 군인이었기에 항소 없이 단심제로 재판이 끝나버렸지. 판결은 사형. 박흥주 대령이 두 딸에게 남긴 편지를 읽다 보면 눈물이 핑 돌다가 결국은 봄날 고드름처럼 뚝뚝 떨어지고 말아.

아빠가 없다고 절대로 기죽지 말고 전처럼 매사를 떳떳하게 지내라. 아빠는 조금도 부끄러움이 없는 사람이다. ……우리가 살아가는 데 가장 중요한 것이 바로 선택을 어떻게 하느냐가 아니겠느냐. 자기 판단에 의해 선택하면 그 선택에 대한 책임은 지게 되어 있다. 후회하지 않는 선택을 해야 한다.

권력의 핵심에 있었고 자타가 공인하는 '미래의 육군참모총장' 감이었던 그는 왜 그런 엄청난 '선택'을 했고 사랑하는 딸들과 이별해야 했을까. 위에 인용했던 기사를 보면 약간의 힌트가 보인다. 1979년 부산과 인근 마산에서는 거대한 유신 반대 시위가 일어났어. 유신 정권은 계엄령을 선포하며 이를 진압했고, 이를 텔레비전에서 지켜보던 박흥주 대령의 아내가 "중앙정보부가 저런 일 수습하지 못하나요?"라고 물었다고 해. 그때 박 대령의 대답은 조금 의외였어. "사람들을 희생시킬 수는 없어."

사형을 선고받고 처형된 박흥주 대령.
그는 10·26 사건 연루자들 중 가장 일찍
총살형이 집행되었다.

두 딸이 기자들 앞에서 '박흥주 우리 아빠
살려주세요'라고 쓴 플래카드를
펼쳐들고 선처를 호소했다.

1979년 당시 박 대통령은 광기와 탐욕에 사로잡힌 독재자 그 이상도 그 이하도 아니었어. 유신헌법을 '비방'만 해도 사형에 처할 수 있는 긴급조치가 시행 중이었고 제1야당 총재가 국회에서 쫓겨났으며 대통령의 지근거리에는 차지철 경호실장 같은 이가 "캄보디아에서는 300만 명을 죽였는데 까딱없었습니다. 탱크로 깔아뭉개버립시다"라고 속삭이는 가운데 박정희 대통령 자신도 "서울에서도 시위가 일어나면 내가 직접 발포 명령을 내리겠다"라고 눈에 핏발을 세우고 있었지. 10·26사태는 그런 상황에서 일어났어.

김재규 중앙정보부장은 특히 박흥주 대령을 살리려고 애썼어. 자신의 명령을 따를 뿐이었으며 모범적이고 결백한 사람이니 극형만은 피해달라고. 그런데 박흥주 대령이 단지 상관의 '명령' 때문에 그 엄청난 일에 가담했을까. 김재규 중앙정보부장은 거사 당일 박흥주 대령에게 계획을 털어놓았어. 그러고는 박흥주 대령에게 나지막한 한마디를 남겼다고 해. "자유민주주의를 위하여."

어쩌면 그 한마디가 박흥주 대령의 행동을 결정했는지도 몰라. 그는 '국가와 국민에 충성을 다하는 대한민국 육군'이었고 광기와 탐욕에 눈이 먼 독재자의 수족이 아닌, 인간의 존엄함을 근간으로 하는 민주주의를 지키는 의무를 지닌 군인이었으니까. "(정권을 위해) 사람들을 희생시킬 수 없다"라고 말하던 군인이었으니까. 단지 '상사의 명령에 따르기만' 한 행동이 아님을 그는 아내에게 남긴 유서를 통해 증명해. "애들에겐 이 아빠가 당연한 일을 했으며, 그때 조건도 그러했다는 점을 잘 이해시켜 열등감에 빠지지 않도록 긍지를 불어넣어주시오. 앞으로 살아갈 식구들을 위해 할 말을 못하고 말았지만, 세상이 알 것은 다 알게 될 겁니다. 우리 사회가 죽지 않았다면 우리 가정을 도와줄 겁니다."

유능한 군인, 그에 더하여 진귀할 만큼 청렴한 무인武人이었고 국민을 희생시키지 않기 위해 독재에 항의했고 딸들에게 당당한 아빠였고 아내에게 존경스러운 남편이었던 박흥주 대령의 유언 앞에서 우리 사회는 얼마나 당당할까. 그 후 우리 역사는 그들 앞에 떳떳할까? 아빠는 대답하기 어렵구나.

우리 역사는 너무 빠르고 무심하다. 그래서 잘못된 길로 가는 역사를 바로잡아 보려던 사람들을 순식간에 치고 지나가버리지. 그래도 손을 들고 몸을 던져 가며 이건 아니라는 사람들이 끊이지 않는 건 우리 역사의 불행 중 다행이 아닐까.

12부

우리를 도운
외국인들

큰
역사를
일궈낸
'작은 거인'들

23

항일 의병을 역사에 남긴 영국 언론인 맥켄지

1907년 F.A. 매켄지는
항일 의병을 취재하기 위해
충청북도 제천과 강원도 원주 일대를 수소문했다.
그는 결의에 찬 의병의 사진을 찍어 역사에 남겼다.

《80일간의 세계일주》(쥘 베른)가 가능해진 19세기 말, 그리고 조선이 오랜 쇄국의 담을 허물고 문호를 개방한 이후 많은 나라의 다양한 사람들이 우리 역사에 흔적을 남기게 됐다. 그 가운데에는 한국인이 무색할 만큼 이 땅을 사랑하고, 한국의 독립과 자유를 위해 애쓴 외국인도 있었어. 오늘부터 그분들의 행적을 더듬어 보자.

국사 시간에 《대한매일신보》와 영국인 어니스트 베델의 이름은 배웠을 거야. 19세기 말 영국은 일본과 친밀한 관계를 유지하고 있었지. 당시 영국의 주적은 발칸 반도에서 인도를 거쳐 극동에 이르기까지 남하 정책을 펴온 러시아였거든. 일본은 영국의 전략적 파트너였어. 영국인 베델은 일본에 와서 무역업에 종사하며 16년을 살았는데 큰 재미를 보지 못하고 있었어. 그러던 중 1904년 러일전쟁이 벌어진다.

이 전쟁은 전 세계의 관심을 끌어. 베델은 영국의 《데일리 크로니클》이라는 신문사의 특파원 자격으로 한국에 들어오게 돼. 그가 처음으로 보낸 기사는 '경운궁(덕수궁) 화재 사건'이었어. 여기서 그는 이 화재가 일본군의 방화일 가능성이 있다고 강력히 시사하는 바람에 해고되고 말아. 일본의 동맹국인 영국 언론은 그 위상에 걸맞은 친일적인 기사를 요구했거든.

그는 한국에 영어신문이 없다는 점에 착안해 영어신문 사업을 구상했어. 그러려면 영어에 능통한 한국인이 필요했지. 독립협회 회원 출신으로 미국 생활도 경험하고 외국인 회사에 근무하기도 했던 양기탁은 안성맞춤의 파트너였어. 둘은 영어신문을 만드는 한편 한국인들을 위한 《대

구한말 대표 정론지였던 《대한매일신보》와
이를 창간한 어니스트 베델.
ⓒ 베델선생기념사업회 갈무리

한매일신보》를 창간하는 데에도 의기투합했지.

이후 《대한매일신보》는 멸망해가는 대한제국의 암울함을 밝히는 횃불 같은 존재로 솟아. 대한제국의 외교권을 박탈한 을사늑약이 맺어진 뒤 《황성신문》 주필 장지연이 〈시일야방성대곡〉이라는 울분에 찬 명문을 남긴 건 알고 있지? 당일 장지연은 연행됐고 《황성신문》은 정간됐다. 그 살벌한 때에 "실로 대한 전국 사회 신민의 대표가 되어 광명 정직한 의리를 세계에 발현하리로다. 오호라 황성 기자의 붓은 가히 해와 달과 더불어 그 빛을 서로 다투리로다"(강준만, 《한국 근대사 산책 4》)라고 극찬하며 호외를 발행해 을사늑약을 폭로한 게 바로 《대한매일신보》였어. 또 충정공 민영환이 자결한 뒤 우리나라 최초의 '의견 광고'를 싣는 등, 대서특필하며 서울 시민들이 민영환 집으로 몰려가 대성통곡하게 만들었지. 이후 헤이그 밀사 사건이나 국채보상운동 등도 앞장서서 보도했다. 침략의 괴수 이토 히로부미는 "내 말 백 마디보다 신문의 한 마디가 한국인들을 더 격동시킨다"라고 토로할 만큼 《대한매일신보》는 야무지게 일제의 침탈에 맞서게 돼.

그 중심에 베델이 있었어. "나는 일본의 동맹국 영국인"임을 내세우면서 신문사 앞에 '일본인 출입금지'까지 내걸고 신문을 만드는 베델이 일본에게 얼마나 눈엣가시였을지는 말 안 해도 알겠지. 베델을 어찌 해볼 도리가 없던 일본은 결국 영국 정부에 압력을 넣게 돼. 마침내 영국 법정에 고발된 그의 죄명은 '치안방해 선동죄'였어. 증거물로 제출된 것 중 하나는 《대한매일신보》의 의병義兵 관련 기사였단다. 당시 여러 한국 신문조차 의병을 '비도匪徒(떼도둑)'라고 부르며 비난했지만 《대한매일신보》는 '의병' 호칭을 썼다. 특히 고종 퇴위와 군대 해산 이후에는 더욱 활발히 보도했거든. 1907년 9월 24일 자 《코리아 데일리 뉴스Korea Daily News》

《대한매일신보》영문판)에는 "바로 최근에 현장에서 돌아왔으며 어느 쪽에도 치우치지 않는 공평한 통신원"이 전하는 의병 관련 기사가 실려 있어. 이 통신원은 F. A. 매켄지라는 영국 언론인이었어.

1907년 초가을 매켄지는 일본 통치에 저항하고 있다는 무장 집단 '의병'을 취재하기 위해 충청북도 제천, 강원도 원주 일대를 돌아다녔어. 일본군의 만행을 목격하고 치를 떨면서, 또 보이지 않는 의병들을 찾아다니느라 애를 태우던 매켄지 앞에 심부름꾼 소년이 호들갑을 떨며 뛰어든다. "의병들입니다!" 마침내 나타난 초라한 입성의, 그러나 그 결연함만은 어느 나라 군대에도 뒤지지 않는 의병들. 일제에 의해 강제로 해산당한 대한제국 군복을 입은 지휘관 격의 젊은이는 일본을 이길 것 같으냐는 매켄지의 질문에 흔쾌히 대답했어.

"이기기 힘들다는 것을 알고 있습니다. 우리는 어차피 싸우다 죽게 되겠지요. 그러나 괜찮습니다. 일본의 노예가 되어 사느니 자유민으로 죽는 것이 훨씬 낫습니다." 이길 수 없다는 것을 알고 덤비는 싸움은 슬픈 싸움이야. 그러나 이길 수 없음을 알고 포기하는 이에게 기다리는 것은 노예의 삶일 뿐이었지. 제국주의 시대를 살던 매켄지 역시 그 사실을 너무나 잘 알고 있었을 거야. 문득 숙연해졌을 매켄지에게 군복 입은 의병은 절절하게 부탁했다고 해. "우리는 무기가 없습니다. 외국인인 당신은 일본군의 간섭을 받지 않고 아무곳이나 갈 수 있을 테니 우리에게 무기를 사주십시오. 사례는 원하는 대로 드리겠습니다." 그들에게 무슨 돈이 있었겠니.

"일본의 노예로 사느니 자유민으로 죽겠다"

매켄지는 낡아서 쓸 수조차 없고 화약도 떨어진 처지로 '앞에 총'을 하고 서 결의에 찬 의병들을 사진으로 찍어 영원히 역사에 남기지. 대한제국 의병이 수만 명에 달했다고 하나 그 전의戰意를 불태우는 모습으로는 거 의 유일한 사진. 그 속에서 이름도 없고 어디 출신인지도 남기지 못한 채 역사 속으로 사라진 의병들은 남루하지만 당당하고 슬프지만 자신만만 해 보인다.

이런 매켄지의 의병 취재를 신문에 싣고 그 때문에 '치안방해 선동죄' 로 유죄를 받아 옥고를 치른 베델은 몸이 급격히 쇠약해졌고 1909년 5월 젊은 나이로 세상을 떠나게 돼. "내가 죽더라도《대한매일신보》는 영생케 해 한민족을 구하라"는 유언을 남기고.

베델은 왜 그렇게 자신의 모든 것을 걸고 한국을 사랑했을까? 매켄지 는 왜 한국의 독립 투쟁에 관심을 가졌을까? 한국 사람들이 불쌍해서? 일본이 미워서? 그럴 수도 있겠지만 아빠는 매켄지의 회고에서 그 이유 를 찾을 수 있다고 봐.

그들은 매우 측은하게 보였다. 전혀 희망이 없는 전쟁에서 이미 죽음이 확실해진 사람들이었다. 그러나 몇몇 군인의 영롱한 눈초리와 얼굴에 감도는 자신만만한 미소를 보았을 때 나는 확실히 깨달은 바가 있었다. 가엾게만 생각했던 나의 생각이 아마 잘못되었을지도 모른다. 그들이 보여주는 표현 방법이 잘못된 것이었다 하더라도 적어도 그들은 자기의 동포들에게 애국심이 무엇인가를 보여주고 있었다(매켄지,《한국의 독립 운동》, 1920).

그들은 압도적인 무력 앞에서 유약하게 굴복하지만은 않았던, 스스로의 자유와 자존을 위해 싸울 줄 알았던 한국인들을 발견했던 게 아닐까. "가엾게만 생각했던" 동정을 넘어 기꺼이 한국인들과 연대했고 그 속에서 자신의 사명을 발견했던 게 아닐까.

1907년 《대한매일신보》의 통신원 F. A. 매켄지가 찍은
구한말 의병들의 사진. ⓒ 의병박물관

24

폭탄 만들어 의열단에 전한 헝가리 청년 마자르

합스부르크 가문의 지배를 받았던 체코와 헝가리 사람들은
항일 독립운동사에 영향을 미쳤다. 체코 군단은 독립군에 무기를 넘겨주었고,
헝가리의 혁명가 마자르는 의열단을 도왔다.
지구 반대편에 있던 사람들이 그렇게 손을 맞잡았다.

중세 이후 유럽사에서 한 가문의 이름은 독보적으로 드높다. 합스부르크
가문이야. 16세기 카를 5세 시절에 유럽의 태반을 지배하는 전성기를 누
렸고, 제1차 세계대전 때까지도 오스트리아와 중부 유럽을 지배했던 이
가문은 패전 후 왕위를 잃고 역사 속으로 사라졌단다. 뜬금없이 왜 유럽
가문 이야기를 꺼내느냐고? 합스부르크 왕가는 우리와 전혀 관련이 없어
보이지만 본의 아니게 한국 독립운동사에 영향을 미치기도 했기 때문이

야. 어리둥절하지? 들어봐.

　오늘날 유럽의 체코나 슬로바키아 역시 당시 합스부르크 왕가가 지배하는 오스트리아 제국의 일부였어. 오스트리아 제국에 반대한 체코인들은 러시아로 망명해 독일과 오스트리아 추축국에 맞선 의용군을 조직했지. 또한 오스트리아 군에 징집됐다가 포로가 된 체코 출신 군인들이 대거 반反오스트리아 대열에 동참하면서 수만 명에 이르는 체코 군단이 러시아 군을 도와 독일·오스트리아와 싸우게 돼. 그런데 1차 세계대전이 한창이던 1917년 러시아혁명이 일어났고 새롭게 세운 공산 정부는 독일과 단독 강화를 맺고 전쟁에서 발을 뺀단다. 문제는 체코 군단이었어.

　오스트리아로부터 독립하기를 열망하던 그들은 계속 독일·오스트리아와 싸우기를 원했다. 영국과 프랑스도 그들의 활약을 원했지만 이미 전쟁판을 걷어치운 러시아의 새 정부, 즉 소련 정부로서는 그 희망을 들어줄 수가 없었어. 체코 군단은 고향으로 돌아가기를 원했으나 그 길도 만만치 않았지. 소련 정부는 "독일을 가로질러 서쪽으로 갈 수는 없으니 러시아를 횡단해서 동쪽 끝 블라디보스토크로 가서 태평양 건너 대서양 넘어 돌아가라"는 제안을 하게 돼. 6~7만 명을 헤아린 체코 군단은 이 제안을 받

체코 군단은 기차 수천 량에 나눠 타고
시베리아를 횡단해 조국으로 돌아갔다.

아들여 기차 수천 량에 나눠 타고서 동쪽으로 달려가게 돼.

시베리아를 횡단하면서 체코 군단은 많은 무용담을 남겨. 적군赤軍, 즉 소련 공산군이 섣불리 체코 군단의 무장을 해제하려 하자 체코 군은 간단하게 적군을 무찌르고 한 도시 일대를 점거하기도 했고, 러시아 백군白軍을 도와서 수많은 전과를 올렸지. 그들의 열차에서는 체코어 신문이 발행됐고 우체국이 운용되었으며, 탈취한 금괴들과 병사들의 아내나 연인들까지 잔뜩 실려 있었다고 해. 우여곡절 끝에 그들은 블라디보스토크에 닿았고 협상 끝에 안전한 귀국을 허락받았어. 그때 그들에게 접근한 사람들이 있었어. 대한독립군 북로군정서 조직원들이었지. 그들은 체코 군단에게 이제는 필요 없게 된 무기를 팔라고 간청한다.

"우리는 오스트리아의 지배를 받았던 당신들처럼 일본에 나라를 빼앗긴 한국인들이오." 당시 북로군정서의 지휘관이던 이범석은 이렇게 회고하고 있어. "이들은 체코슬로바키아가 오스트리아 제국 식민 통치 아래서 겪어온 노예 상태를 떠올렸고 우리에 대해 연민을 표시했다. 결국 체코슬로바키아 망명 군대는 그들이 보관하고 있던 무기를 북로군정서에 판매하기로 했다(이범석, 《우둥불》)." 2009년 한국 주재 체코 대사였던 올샤 대사는 한 인터뷰에서, 체코 군들이 "블라디보스토크 주둔 일본군이 독립운동을 하는 수백 명의 조선인을 체포해 무자비하게 고문하고 마치 짐승들에게 총격을 하듯이 길거리에서 그들을 사살하는 모습을 보았다"는 증언을 남겼음을 소개하기도 했어(《경향신문》 2009년 2월 25일 자).

체코의 골동품 시장에는 종종 당시 무기대금으로 받았으리라 추정되는 금비녀, 금반지, 비단 보자기 등이 흘러나왔다고 해. 놋요강 같은 물건도 끼어 있었다는구나. 추정컨대 독립군들은 요강 속에 금붙이들을 숨겨서 가져갔던 것 같아. 상상해보렴. 무기 몇 정 얻으려고 여인들로부터 금비녀를 거두고 가락지를 모아 놋요강에 숨겨 가져온 독립군들의 상기된 얼굴을. 이 눈물겨운 거래를 통해 소총 1,200정과 탄약 80만 발, 박격포 2문과 기관총 6정이 독립군에 전달되고 이 무기들은 청산리전투에서 불길을 뿜게 돼. 체코 군단은 독립군에게 무기를 건네며 이렇게 인사했을지도 모르지. "합스부르크 놈들 잡을 총탄이었소. 이제 당신들이 일본군에게 쓰시오."

한편, 체코 옆에 있는 나라 헝가리도 1차 세계대전 이전까지 오스트리아 합스부르크 왕가의 지배를 받고 있었지. 많은 헝가리인들이 독립운동에 가담했고 혁명운동에 뛰어들었지. 1920년대 초, 중국 베이징에 기이한 헝가리 사람 하나가 나타났어. 이름이 '마자르'라고 하는 이 헝가리인은 거리와 술집을 헤매며 조선 사람을 찾았고 조선 사람을 만나면 무조건 발음도 안 되는 조선 이름을 읊었어. "김원봉을 아시오?" 바로 의열단장 김원봉을 찾는 거였지. 처음에는 일본인들이 서양 밀정까지 쓰나 의아해했을 조선인들도 '베이징에서 김 서방 찾는' 서양인의 사연을 궁금해 하게 돼. 이 사실을 전해들은 김원봉은 짚이는 것이 있었지. "혹시 그 사람이 말하던 서양인인가."

대한독립군 북로군정서의 지휘관이었던 이범석 장군(왼쪽)과
조선의용대장 시절의 약산 김원봉(오른쪽).

헝가리의 혁명운동가였던 마자르는 이곳저곳을 떠돌던 중 몽골에서 이태준이라는 한국인 의사의 도움을 받게 돼. 이태준은 몽골 국민들 태반이 걸렸던 무서운 전염병인 매독을 퇴치한 공으로 몽골 정부로부터 훈장을 받은 명의名醫이자 김원봉과 의기투합했던 독립운동가였어. 그는 마자르가 폭탄 제작에 솜씨가 있는 걸 알고, 투쟁에 쓸 폭탄의 성능 때문에 애를 태우던 김원봉에게 마자르를 데려 오마 약속해. 그러나 이태준은 일본인의 농간으로 러시아 백군(반혁명군) 지도자에게 체포돼 처참한 죽음을 당하고 말았어.

마자르는 이태준으로부터 조선인 독립운동가 김원봉과 그를 도와 할 일에 대해서 얘기를 들었어. 이태준이 죽은 뒤 무작정 베이징으로 온 거지. "단 한 번 약산(김원봉)의 이야기를 들었을 따름으로 그렇듯 허위단심 북경까지 찾아 이른 것은 결코 그 보수가 탐났기 때문이 아니다. 실로 자기의 기술을 가져 조선 혁명운동에 참가할 수 있다는 것에 크나큰 기쁨과 자랑을 느낄 수 있었던 까닭이다(박태원, 《약산과 의열단》)."

대체 그는 왜 그런 모험을 강행했을까. 강대국 지배를 받던 약소국 혁명가끼리 갖는 연대감도 있었겠지만 그에 더해 아빠는 의사로서 충분히 호의호식할 수 있었지만 독립운동에 용감히 뛰어들었던 청년 이태준이 마자르라는 헝가리인에게 깊은 울림을 주었다고 생각해. 그렇게 해서 마자르는 고성능 폭탄을 만들어 의열단에게 전달하게 된단다. 영화 〈밀정〉의 주요 내용은 바로 마자르의 폭탄을 국내에 반입하려던 의열단의 대담한 작전을 뼈대로 하고 있지.

폭탄을 만들면서 헝가리 노래를 흥겹게 불렀고, 폭탄을 운반하면서 멀

쑥한 신사 차림으로 중국과 일본 관헌들의 눈을 속이는 연기력도 선보였다는 명랑한 헝가리 청년 마자르의 이후 삶은 잘 알려져 있지 않아. 아빠는 마자르 역시 조선의 금비녀와 금가락지 그리고 놋요강을 오래도록 간직했던 체코 군단의 병사들처럼, 지구의 반대쪽 황량한 땅에서 잃어버린 조국을 찾겠노라 눈을 반짝이던 사람들, 합스부르크의 지배에서 벗어나려던 자신들과 비슷한 처지의 조선인들의 모습에 공감했고, 그들을 도왔던 추억을 평생 간직하며 살았으리라 믿는다.

역사를 지배하는 것은 대개 강한 자의 힘이었지. 때로 그에 필적할 만큼 강력한 존재가 있었다면 그건 약자들의 연대일 거야. 질풍노도 같았던 1920년대, 지구의 반대편에 있었던 사람들은 그렇게 우연히 그러나 필연적으로 손을 맞잡았단다.

25

독립운동가를 두루 변호한 일본인 변호사 후세 다쓰지

일본 천황을 죽이겠다는 음모에 가담한 무정부주의자 가네코 후미코,
변호사 자격을 박탈당하고
감옥살이까지 하면서도 독립운동가를 변호한
후세 다쓰지가 영화 〈박열〉에 등장한다.

최근 영화 〈박열〉은 일제강점기 일본 천황(일왕)을 암살하려 했다는 '대역
죄인' 조선인 박열과 그 연인 일본인 가네코 후미코의 드라마틱한 삶을
소재로 했지. 이 영화를 본 사람들은 대개 이런 말을 했어. "영화 제목을
잘못 지었군. 이건 〈박열〉이 아니라 〈가네코 후미코〉라고 해야 맞을 것
같은데." 가네코 후미코 역을 맡은 배우 최희서 씨의 연기가 워낙 훌륭했
기 때문이지만 영화 속에서 가네코의 무게는 주인공 박열을 여러모로 압

도해. 조선인 박열의 시에 감동해 그를 찾아가서 동거를 제안하는 용감한 여성, 일본에서 덴노(천황)가 일종의 '신神'이었던 시절, 그를 죽이겠다는 음모에 가담한 강단 넘치는 무정부주의자의 삶의 궤적이란 그 자체로 영화를 넘어서는 스펙터클일 테니까.

가네코 후미코의 아버지는 가네코의 어머니를 싫어했고 그녀를 호적에 올리지 않았어. 태어나면서부터 '아비 없는 자식'이 돼버린 그녀의 유년 시절은 참혹한 생활의 연속이었다고 해. 아버지를 떠나보낸 뒤 어머니가 이 남자 저 남자를 떠돌았던 와중에 가네코의 어린 시절이 행복할 리 없었겠지? 그러던 중 친척이 살던 조선으로 건너와 충청북도 청원 부근에서 지내던 가네코는 그곳에서 중대한 경험을 하게 돼. 바로 1919년 폭발한 3·1운동이었어.

일본 헌병의 총칼 앞에서도 "만세"를 부르며 맞서는 조선인들의 영상은 그녀의 뇌리 깊숙이 박혀. 그녀는 조선인들에게 친밀감을 느꼈지. 하지만 할머니는 그녀가 조선인과 어울리는 것을 용서하지 않았고 그녀는 "죽고 싶을 만큼"의 구박을 받았다고 해. 가네코의 소학교 학적부에는 고막이 터진 기록 등 학대의 흔적이 고스란히 남아 있다는구나. 고통을 견

1926년 옥중에서 재판관의 배려로 함께 사진을 찍게 된 박열과 가네코 후미코(왼쪽). 오른쪽은 영화 〈박열〉의 한 장면.
ⓒDaum 갈무리

디다 못한 그녀는 금강 주변을 지나는 철로에서 물에 빠져 죽으려 했다고 회고하고 있어. 하지만 그녀는 금강의 물줄기 앞에서 삶의 가치를 붙들게 돼. "얼마나 아름다운 세상인가. 아직 사랑할 만한 것이 이 세상에는 얼마든지 있을 것이다." 그 후 일본으로 돌아간 그녀가 발견한 것이 세상을 바꿀 수 있다는 사상(아나키즘)이었고, 그 동지들 속에서 만난 연인이 박열이었던 거야. "내가 찾고 있던 사람, 내가 하고 싶었던 일, 그것은 틀림없이 그 사람 안에 있다. 그 사람이야말로 내가 찾고 있던 사람이다."

박열과 가네코는 1923년 관동대지진 이후 일어난 검속에서 천황 폭살 음모를 꾸민 혐의로 체포돼. 박열이야 조선인으로서 당연히 할 일을 한 것이라지만 가네코 후미코는 박열만큼이나 강고하고 튼튼하게 일본제국주의를 규탄하고 자신의 정당함을 토로했어. "사랑을 한다는 것은 자아自我를 확대하는 것이다. 나는 박열을 사랑했고 박열은 조선을 사랑했다. 그래서 나는 조선을 사랑했고 조선 독립을 위해 싸운 것이다."

어떻게든 그녀를 회유하려 했던 일본인 판사, 당신은 일본 사람 아니냐며 얼러보려는 판사에게 가네코는 이렇게 쏘아붙였지. "저는 일본인이긴 하지만 일본인이 너무 증오스러워 화가 치밀곤 합니다.……저는 정말이지 이런 운동(조선독립운동)을 속 편하게 남의 일이라고만 치부할 수 없습니다(야마다 쇼지, 정선태 옮김, 《가네코 후미코—식민지 조선을 사랑한 일본 제국의 아나키스트》)."

이 두 연인을 도왔던 변호사가 있어. 후세 다쓰지布施辰治. 영화 〈박열〉에도 큰 비중으로 등장하는 이 후세 변호사는 일제강점기 조선 사람들에게 스스럼없이 "우리 변호사 포시진치布施辰治(후세 다쓰지의 우리말 발음)"로 불린 사람이었어.

그가 열네 살 때였던 1894년 청일전쟁이 벌어지고 이어 조선에서 갑오 농민전쟁이 발생하지. 일본군은 동학 농민군을 소탕한다는 명목으로 곳곳에서 학살을 자행했어. 당시 일본군에 복무했던 마을사람 하나가 돌아와서는 조선인들을 쫓으며 죽여댄 이야기를 자랑스레 떠벌리는데, 후세 다쓰지는 어린 나이임에도 커다란 분노와 함께 조선인들에 대한 연민을 느꼈다고 해. 경술국치 직후인 1911년에 이미 "조선의 독립운동에 경의를 표한다"라는 글을 썼다가 일본 당국의 조사를 받을 만큼 조선에 관심을 보였던 그는, 1919년 조선인 일본 유학생들이 단행한 2·8독립선언을 변호하면서 본격적으로 조선과의 연대에 나섰어. 그는 유학생들에게 내란죄를 적용하려는 시도에 맞서 이렇게 외치지. "학생 신분으로 자기 나라의 독립을 부르짖은 것이 어찌하여 일본 법률의 내란죄에 해당된단 말인가? 당치도 않다."

"조선인에게 구조선과 같은 귀중한 존재"

관동대지진 이후 6,000명이 넘는 조선인이 학살당하는 모습에 몸 둘 바를 몰라 하던 그는 이렇게 고백했어. "생각하면 생각할수록 무서운 인생의 비극입니다. 너무도 가혹한 비극이었습니다. 어떤 말로 추도하더라도 조선 동포 6,000명의 유령은 만족하지 않을 것입니다."

이후 그는 한국 독립운동사에 빛나는 이름들과 함께하게 돼. 일본 황궁에 폭탄을 던진 김지섭의 변호인이 그였고, 영화 〈밀정〉의 주인공이라 할 김시현과 황옥을 변호한 이도, 신분 차별이 철폐된 뒤에도 인간 취급을 못 받던 백정들의 신분해방운동인 형평사운동을 지원한 이도, 1차·2차 조선공산당 사건을 맡아 법정 투쟁을 벌인 이도 후세 다쓰지였어. "저는 도저히 잠자코 있을 수 없습니다. 설령 도움이 되지 못하더라도 법정 투쟁과 항의에 협력하는 것이 저의 의무임을 통감합니다(조선공산당 사건 공판 개시를 앞두고 보낸 편지)."

독립운동가를 변호하는 과정에서 변호사 자격을 박탈당하는 건 기본이고, 감옥살이까지도 마다하지 않았던 이 변호사를 조선 사람들은 마음 깊이 담아두게 돼. 후세 다쓰지의 손자는 우유가 귀하던 시절 조선인 우유 배달부가 꼬박꼬박 공짜로 넣어주던 우유를 기억하고 있지. 후세 변호사가 세상을 떠났을 때 재일조선인 유종묵은 이렇게 고인을 추모한다. "선생님은 조선인에게 아버지와 형 같은 분이었고 구조선救助船과 같은 귀중한 존재였습니다."

가네코 후미코와 후세 다쓰지. 그들은 그렇게 '조선'이라는 이름에 자신의 소중한 생의 일부를 아니 그 이상을 다져넣었단다. 그들이 그런 삶을 택한 데에는 많은 이유가 있었겠지. 아빠는 그들이 보여준 애정이 약자에 대한 연민과 강자의 횡포에 저항하는 양심이라는, 인류라는 종種이 지녀온 특성, 가냘프지만 끊어지지 않고 희미하지만 사라지지 않는 DNA의 발현이라고 생각해. "불쌍히 여기는 마음이 없는 사람은 사람이 아니다"라고 한 맹자의 말이나 "즐거워하는 자들과 함께 즐거워하고 우는 자들과 함께 울라(로마서 12장 15절)"는 성경 말씀에서 보듯, 인류는 광기와 잔인함으로 뒤덮인 역사 속에서도 양심의 고삐를 끝내 놓지 않았고, 더욱 많은 인류의 더욱 넓은 자유는 그 양심들이 다진 토대 위에서 성장할 수 있었던 거니까.

가네코 후미코와 후세 다쓰지는 '조선'을 사랑했다기보다는 양심에 따라 약한 이들, 슬픈 이들, 억압받는 이들을 사랑했고 그들을 위해 자신을 던졌던 거야. 가네코 후미코는 자신이 그토록 사랑한 박열이 전향하여 "일본 국민으로 살 것"을 다짐하는 것을 보았더라도(박열의 전향이 사실이 아니라는 주장도 있다) 자신의 삶을 후회하지 않았을 거야. 후세 다쓰지 역시 그와 조선의 인연을 맺어주었다 할 2·8독립선언을 쓴 춘원 이광수나 주동자였던 서춘 등이 변절하여 친일을 하는 모습을 지켜보면서도 실망하지 않았을 거야. 그들이 사랑한 것은 '조선'이 아니라 조선이라는 이름의 약자들이었으니까.

조선 독립운동가들을 두루 변호한 변호사 후세 다쓰지.
ⓒ Google 갈무리

26

아픈 역사를 증언하는
파란 눈의 목격자들, 스코필드와 힌츠페터

독일 기자 힌츠페터는 1980년 5월 광주의 아픔을 세상에 알렸다.
그에 앞서 캐나다인 스코필드는
1919년 일본군의 조선인 학살을 카메라에 담았다.
이들은 죽어서도 한국에 남기를 소망했다.

1980년 고립된 광주에 잠입해서 광주의 참상을 세계에 알렸던 독일 기자 위르겐 힌츠페터와 그를 도운 택시 운전사의 이야기를 그린 영화 〈택시 운전사〉가 화제였지. 힌츠페터의 영상은 생매장된 광주의 아픔을 바깥세상으로 가늘게 그러나 끈질기게 흘려보냈던 숨구멍 같은 존재였어. 그를 통해 수많은 사람들이 광주의 진실을 알게 되었고 전두환에 대한 분노를 불태워 역사의 물줄기를 바꿀 수 있었지. 그날 광주로부터 61년 전 4월의 봄

날, 또 한 명의 서양인이 피맺힌 우리 역사의 정직한 목격자가 되었단다.

1919년 3월 1일 파고다 공원에서 독립선언서가 낭독된 이후 터져나온 만세 시위는 마치 가을철 단풍이 남하하듯, 이른 봄 꽃길이 북상하듯 식민지 조선 전체로 퍼져나갔어. 서울에서 가까운 수원 지역에서는 3월 중순 이후 시위가 불붙었지. 수원 인근 경기도 화성의 제암리에서는 3월 30일과 4월 5일 격렬한 만세운동이 벌어졌고, 일본 경찰은 역시 격렬한 매질로 이에 대응했다. 치열하게 전개되는 수원 지역 만세운동에 맞닥뜨리면서 일본 당국은 한번 '본때'를 보여줄 생각을 하고 그 불운한 타깃을 결정했지. 제암리 마을이었어.

4월 15일 일본군 수원 주둔 78연대 소속 아리타 도시오 중위가 이끄는 부대가 제암리에 도착했어. 아리타 중위는 주민들을 교회에 모은 후 문을 봉쇄하고 창문을 통해 총탄을 퍼부어버려. 참혹한 학살 와중에 한 여인이 아이만은 살려달라고 창밖으로 아이를 내밀었지만 일본군들은 사정을 돌보지 않고 찔러 죽였다고 해. 또 증거인멸을 위해 교회의 초가지붕에 기름을 끼얹고 불을 지른 뒤 인근 마을에서도 살인극을 펼쳤지. 이날 교

2005년 5·18 민중항쟁 25주년 기념식에 참석하기 위해
방한한 독일 기자 위르겐 힌츠페터.

회와 그 부근 마을에서 죽어간 사람만 29명이었어.

이 말문 막히는 야차들의 행동을 숨죽여 지켜본 사람이 있었다. 전동례라는 여성이었지. 그 남편 안진순은 열흘 전 시위에 동참했다가 흠씬 얻어맞고 몸져누워 있었는데 느닷없이 들이닥친 일본군에게 교회로 끌려가서 죽었다. 밭고랑에 숨은 전동례는 일본군의 만행을 똑똑히 지켜보았어. 인간이 인간을 사냥하는 살육의 현장에서 전동례를 비롯한 생존자들이 얼마나 공포에 떨었겠니. 그런데 사건 이틀 뒤인 4월 17일 한 파란 눈의 서양인이 그들 앞에 나타나. 프랭크 스코필드라는 기독교 선교사이자 수의학 박사였지. 영국에서 태어난 뒤 캐나다로 이주해 토론토대학에서 수의학 박사를 받은 그는 1916년 조선에 왔다.

조선에 온 지 1년 만에 우리말을 마스터할 정도로 노력파였던 그는 석호필石虎弼이라는 조선 이름을 썼어. 스코필드는 3·1운동 상황을 해외에 알리고자 안간힘을 썼어. 만세가 터져나오고 흰 옷 입은 사람들의 파도가 종로를 휩쓸 때 그는 사방을 누비며 역사적인 장면을 카메라에 담았지. 좁은 골목에서 일본 헌병들이 조선 시위대를 공격하려 들자 이걸 찍으려고 남의집 2층에 올라갔는데 하필이면 일본인의 집이었다는구나. 일본 여자는 날카롭게 "도로보!(도둑놈)"를 부르짖었지. 스코필드는 급한 김에 조선말로 "누님 저 도둑놈 아닙니다" 하면서 셔터를 계속 누르다가 빗자루 몽둥이에 두들겨 맞기도 했어.

3·1항쟁의 숨가쁜 현장을 주름잡던 어느 날, 수원 인근에서 일본군이 만행을 저지른다는 소문이 들려왔고 그는 자전거를 둘러메고 경부선 열차에 몸을 싣는다. 소아마비 때문에 한쪽 다리를 제대로 못 썼으나 스코필드는 수원역에서 제암리까지 돌투성이 진흙탕의 시골길을 한쪽 발로만 페달을 밟으며 달렸어. 제암리 현장에서 그는 "분노로 부들부들 손을

떨면서" 카메라 셔터를 눌렀고 제암리 사건은 역사 속의 실체로, 일본제국주의 만행의 대표 사례로 영원히 남게 됐지. 예배당 안에 숯덩이가 되어 뒹굴던 21구의 시신과 불에 타다 남은 두 여인의 시신을 수습해 공동묘지에 매장한 것도, 다시 마을을 찾아 공포에 질린 생존자들을 위로했던 것도 스코필드였어. "박사께서 참상을 말하라 해도 무서워 함구했습니다. 떠는 나에게 '용기를 내라'는 말이 지금도 귓전에 생생합니다(〈생존자 김희순의 증언〉, 《한국일보》 1970년 4월 14일 자)." 그때 김희순을 비롯한 생존자들에게 스코필드는 어떻게 보였을까.

제암리에 들렀다가 서울로 돌아오던 기차 안에서 스코필드는 뜻밖의 인물을 만난다. 다름 아닌 매국노의 대표 격인 이완용이었어. 그는 스코필드에게 뜬금없는 질문을 한다. "선교사 양반. 기독교 신자가 되려면 어떻게 하면 되오?" 그러자 스코필드는 이렇게 쏘아붙여. "먼저 2,000만 국민에게 사죄부터 하시지요." 대한제국의 옛 총리대신이자 이른바 '대일본제국'의 후작으로서 조선 천지에선 머리 숙일 일이 별로 없었을 이완용의 얼굴은 그만 흙빛이 되고 말았단다.

암살 위협에 척추 부러지기도

광주항쟁을 세계에 알린 힌츠페터가 1986년 광화문에서 시위 현장을 촬영하다가 사복 경찰들에 의해 목뼈와 척추가 부러지는 중상을 당했던 것처럼 일제도 '제암리' 같은 자신들의 추악한 면모를 세상에 드러낸 이 얄밉기 그지없는 서양인을 가만두지 않으려 했지. 스코필드는 암살 위협 끝에 이 땅을 떠나게 돼. 해외에 나가서도 독립운동을 도왔고 고통 받는 조선인들을 잊지 않았지. 그의 회고에 따르면 영국의 호텔에서 대나무로 된 쓰레기통을 보고 울컥했다고 해. "아 이거 조선 사람들이 많이 쓰던 건데." 반가움에 막상 쓰레기통을 들어보니 'Made in Japan'이야. 그런데 스코필드는 또 '아, 일본에서 얼마나 조선 사람들이 고생하고 있을까' 생각을 하며 가슴을 쳤다지. 그가 얼마나 조선 사람들을 사랑하고 애틋해했는지 알 수 있지 않니.

1958년 스코필드는 대한민국 정부의 초청으로 한국을 다시 찾았고 수의학자로서 서울대학교에서 강의를 하며 한국에 정착한단다. 증오 대상이던 일본제국주의는 물러갔지만 스코필드에게 한국의 독재정권, 그리고 심해져만 가는 빈부격차는 또 하나의 고민거리였지. 그는 격렬하게 자유당 정권을 비판했고 부끄럽게도 한국 정부는 스코필드의 신학기 강의를 중단시키고 거처하던 숙소를 비우라는 명령까지 내렸단다. 다행히 4·19혁명이 일어나 우리 스스로 우리 은인을 내치는 과오에까지는 이르지 않았지만 말이야. 1970년 4월 세상을 떠날 때 유산은커녕 유품도 거의 남기지 않을 만큼 한국에 모든 것을 바쳤던 스코필드의 유언은 이렇다.

"내가 죽거든 한국 땅에 묻어주시오. 내가 도와주던 소년소녀들과 불쌍한 사람을 맡아주세요."

그의 타계 소식이 제암리에 전해졌을 때 제암리 학살의 생존자였던 전동례는 하던 일을 작파하고 교회로 달려가서 미친 듯이 종을 쳤다고 해. "삽시간에 들에서, 집에서 일하던 제암리 부락민 10여 명이 모여들었다. '여러분, 제암리의 구세주 할아버지 스코필드 박사가 운명하셨습니다. 경건한 마음으로 고인의 명복을 빕시다.' 교회 안에는 울음 섞인 찬송가 소리가 울려 퍼졌다(《한국일보》 1970년 4월 14일 자)." 그리고 장례식장에는 생전에 그가 좋아하던 동요 〈따오기〉가 울려 퍼졌어. "보일 듯이 보일 듯이 보이지 않는/ 따옥 따옥 따옥 소리 처량한 소리/ 떠나가면 가는 곳이 어디메이뇨/ 내 어머니 가신 나라 해 돋는 나라."

　우리를 도왔던 외국인들을 생각하면 마음이 젖어오는구나. 그들은 그들 인생의 가장 중요했던 순간을 한국에서 겪었고, 한국을 사랑했고 한국에 묻히기를 소망했고 그 소원을 이뤘다. 스코필드는 국립현충원에, 그리고 힌츠페터의 유해 일부는 광주 북구 망월동 민족민주열사 묘역(5·18 옛 묘역)에 묻혀 있다.

2015년 2월, 프랭크 스코필드 박사의 동상이
제암리 3·1운동 순국기념관 공원에 세워졌다.

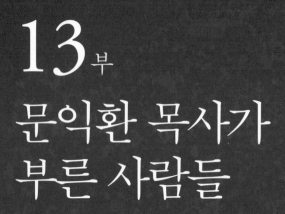

13부

문익환 목사가
부른 사람들

큰
역사를
일궈낸
'작은 거인'들

27

6월 항쟁을 끌어낸 이름 모를 광주 시민들

1980년 광주 시민들의 거룩한 저항이 없었다면
아마 전두환은 거리낌 없이
시민들 앞에 공수부대를 들이밀었을 테고
거리는 피로 뒤덮였을 것이다.

여러 번 얘기한 바 있다만 6월 항쟁은 마치 드라마처럼 우리 곁으로 왔단
다. 1986년 10월 말, 건국대학교에서 열린 집회에서 평소와 달리 경찰은
학생들의 진입을 막지 않았고 학생들은 멋도 모르고 건국대에 집결해 집
회를 열었어. 그런데 별안간 경찰은 건국대를 포위하고 농성하는 학생들
을 진압한 뒤 무려 1,288명을 구속해버렸단다. 정부는 이를 '공산 혁명분
자 건국대 점거농성 사건'으로 어마어마하게 뻥튀기했고, 국민이 학생들

을 지켜보는 눈은 그만큼 차가워졌지. 데모 나가면 시민들이 발을 걸어 넘어뜨려 경찰에 넘기는 일까지 있었다니까.

바로 그 시점에 서울대생 박종철이 경찰의 고문을 받던 중 죽었단다. 이 죽음을 둘러싸고 있었던 일들은 여러 번 얘기했으니 되풀이하지 않으마. 다만 그 과정에서 사람들은 점차 자신들을 다스리던 정권이 얼마나 폭력적이며, 어찌나 사악하게 거짓말을 해왔는지, 또 비열하게 그 권력을 이어가려 하는지 깨닫게 됐지. 그리고 광주항쟁 이후 7년 동안 왜 그렇게 많은 젊은이들이 전두환의 득의양양한 철벽을 향해 몸을 던져 머리가 깨져나가며 싸웠는지 깨닫고 그들의 목소리를 듣기 시작한 거야.

"너는 듣고 있는가 분노한 민중의 노래,
더이상 노예처럼 살 수 없다 외치는 소리."

1987년 6월 10일 아빠는 고등학교 3학년이었고 밤 10시 30분까지 자율학습을 해야 했지. 그러나 아빠는 이튿날 1시가 넘어서야 집에 들어갈 수 있었다. 모든 교통편이 끊겨 수 킬로미터를 걸어갈 수밖에 없었거든. 그날 아빠는 시위대와 전경들의 대오를 일곱 번쯤은 가로질러야 했어. 그만

1987년 6월 12일 명동성당에서 천주교 정의구현사제단 신부와 시민들이 시위를 하고 있다. ⓒ 정의구현사제단

큰 시위대가 곳곳에 형성돼 있었고 경찰들은 무지막지하게 밀려드는 시위대에 기가 질린 듯 보였다. 학생들만이 아니었어. 아저씨 아주머니들도 함께 있었고, 그들은 운동가요가 아닌 익숙한 노래를 가사만 바꿔 부르며 함께 어울렸지. "새 나라의 대통령은 대머리가 아닙니다. 대머리가 없는 나라 우리나라 좋은 나라." 전국의 대머리 여러분께는 죄송한 이야기이고, 그 대열 속에도 대머리는 많았다만 그들은 '대머리 대통령'(전두환)을 야유하며 함께 웃고 떠들며 구호를 외치고 있었어. 〈9시 뉴스〉 시간만 되면 맨 먼저 등장해 그 동정을 국민이 강제로 알아야 했던, '본인은'으로 시작하는 그 쉰 목소리의 장본인은 대머리 대통령으로 전락하고 있었어. 이제 한국 사람들은 앉으라면 앉고 서라면 서는 무녀리들이 아니게 된 거야.

전국 각지에서 학생들은 끝없이 몰려나왔어. 드라마 〈응답하라 1988〉에서도 나오듯 잡아가는 것도 한계가 있어서 경찰은 버스 한가득 태운 학생들을 교외에 내려놓기도 했지. 버려진 학생들은 또 모여서 데모를 벌였어. 전국의 도시는 시위를 응원하는 경적 소리와 함성, 그리고 외신기자들이 "후일 이 피해는 유전병으로 나타날 것"이라고 경고할 만큼 시민들이 난사된 최루탄 가루를 뒤집어썼다.

"모두 함께 싸우자. 누가 나와 함께하나,
저 너머 장벽 지나서 오래 누릴 세상."

시내 한복판에서 가게를 하시던 네 할머니는 데모하다가 경찰에 쫓기는 학생들을 마지막 한 명까지 받아들이고 쫓아온 경찰의 코앞에서 셔터를 내려버리셨다. 고층빌딩에서는 최루탄을 닦으라는 휴지가 눈송이처럼 떨어져 내렸어. "이래서야 어떻게 장사를 하겠느냐"라는 한 상인의 푸념에, "무슨 소리냐. 그런 소리 할 것 같으면 네가 여기를 떠나라"고 이웃 상인들이 한목소리로 핀잔을 주었지. 경찰에게 두들겨 맞는 학생들을 보다 못한 승용차 운전자들은 차에서 기름을 빼주었어. "이걸로 화염병을 만들어요." 본의 아니게 서울 명동성당에 갇혀버린 학생들을 위해 담장 옆에 있던 계성여중 학생들은 자신들의 점심 도시락을 모아 주었고 넥타이 맨 직장인들이 박수를 치고 최루탄 쏘지 말라고 외치며 경찰에 맞서게 됐지. 공권력이 명동성당에 진입하겠다고 통보하자 가톨릭의 최고 수장 김수환 추기경은 이렇게 선언하셨어. "경찰은 맨 먼저 나를 보게 될 것이다. 그다음으로는 신부들을 보게 될 것이고 그다음으로 수녀들을 보게 될 것이다. 그들을 밟고 넘어선 뒤에야 학생들을 보게 될 것이다." 불과 몇 달 전만 해도 경찰의 호통에 어깨 움츠리고 데모하는 학생들 때문에 나라가 소란할까 두려워하던 소심한 국민들은 역사의 주인공들로 완전히 탈바꿈해 있었어.

"심장박동 요동쳐 북소리 되어 울릴 때
내일이 열려 밝은 아침이 오리라."

서울의 명동성당은 부산의 '논스톱 시위'로 이어졌어. 항도 부산 시민들은 그 화끈함을 과시하면서 사흘 연속 밤샘 시위를 벌였어. 비가 와도 우산을 들고 시위했고 고층빌딩에서 소파를 집어던지며 저항했어. 부산의 공권력은 마비 상태에 빠졌고, KBS와 시청 정도만 필사적으로 방어하며 버티는 지경에 이르렀지. 마침내 전두환은 또 한 번 군대를 동원할 생각을 해. 이 소문이 퍼지자 각 운동단체 구성원들은 아예 집에 들어가지 않앉단다. "잡혀가도 거리에서 잡혀가겠다."

"잡혀가도 거리에서 잡혀가겠다"

이 일촉즉발의 상황을 가로막은 존재들이 있었단다. 전두환이 필생의 업적으로 준비한 88서울올림픽도 그중 하나였지만 무엇보다 전두환의 발목을 잡아챈 것은 바로 그해로부터 7년 전의 광주였어. 전두환이 정권을 잡기 위해 전국에 계엄을 펴고 공수부대를 투입했을 때 유일하게 일어서서 저항했고 전두환의 독수毒手를 피로 받아내야 했던 광주. 그 참혹한 기억은 전두환의 심복들에게도 동요를 일으키게 했어. "또 우리 손에 피를 묻히라고요?"

꼭 기억하렴. 만약 광주가 없었다면, 1980년에 전두환이 아무 기탄없이 정권을 잡았고 그 와중에 광주 시민들의 거룩한 저항이 없었다면 아마 전두환은 거리낌 없이 시민들 앞에 공수부대를 들이밀었을 거야. 서울 종로, 부산 서면, 대구 동성로, 대전 으능정이는 피로 뒤덮였을 거야. 그 참혹함을 막았던 건 홀로 봉기하고 외롭게 싸우고 참담하게 죽어간 광주 사람들의 용기였단다.

본격적인 6월 항쟁 하루 전 최루탄에 맞아 쓰러진 이한열 학생은 한 달여 혼수 상태에 빠져 있다가 끝내 숨을 거뒀어. 연세대 교정에서 치러진 장례식에서 민주화운동의 원로라 할 문익환 목사님이 연단에 오르셨지. 그분은 연설 대신 사람들의 이름을 불렀다. 1970~1980년대 한국을 지배한 군부독재에 맞서 싸우다가 죽어간 사람들의 이름이었어. 전태일부터 이한열까지 무려 26명. 광주의 희생처럼 우리 역사의 디딤돌이 된 이름들이었지. 문익환 목사의 절규에 실린 이름들을 들으며 사람들은 어린아이처럼 울었어. 역사의 깊은 잠을 일깨우기 위해 스스로 종을 머리로 들이받아 울렸던 이들의 노래를 부르면서 사람들은 또 꺽꺽거리고 울었다. 너도 들어봤을 노래 〈그날이 오면〉은 문익환 목사가 처음으로 부른 이름, 노동자 전태일에게 바친 추모곡이었지. 그 후렴구다.

"짧았던 내 젊음도 헛된 꿈이 아니었으리.…… 피맺힌 그 기다림도 헛된 꿈이 아니었으리."

1987년 7월 9일 이한열 열사 민주국민장에서
고 문익환 목사가 절규하고 있다.

28

'세상을 뒤늦게 본' 문익환 목사, 가시밭길을 자청하다

구약성서에 정통한 신학자였던
문익환 목사는 장준하 선생의 의문사 이후
사회 참여에 적극적으로 나선다.
'늦봄'이라는 아호는 '세상을 뒤늦게 보았다'는 의미다.

1987년 7월 9일, 최루탄에 맞아 중상을 입고 사경을 헤매다 사망한 연세대 이한열 학생의 장례식장에서 문익환 목사가 목이 터져라 불렀던 스물여섯 분. 민주화 투쟁 과정에서 그 소중한 목숨을 내던진 그분들의 존재를 역사에서 건져 올려 사람들의 심금을 울렸던 문 목사 본인의 이야기를 전해보고 싶구나.

　문익환 목사의 고향은 만주 용정이다. 문 목사에게는 어릴 적 둘도 없는 친구가 있었어. 그 친구는 오래 살지 못했지만 한국인들에게 영원히 '스타'로 남아 있는 사람이야. 바로 시인 윤동주. 한국인이 가장 좋아한다는 시 〈서시序詩〉의 주인공. 윤동주는 태평양전쟁 막바지에 일본 경찰에 체포돼 감옥에서 그 젊음이 스러지고 말았지만 문익환의 가슴속에서 "하늘을 우러러 한 점 부끄럼 없는" 삶을 향한 기도와 "오늘도 나의 길을 걸어가야겠다"는 다짐으로 선명하게 남았지.

그는 해방 이후 한국 기독교계에서 유망한 신학자로 성장해. 한국에서 손꼽히는 구약 학자로서 우리가 오늘날 읽는 시편을 비롯한 많은 부분이 그의 손을 거쳐 우리 곁에 왔다고 하는구나. 또 그는 판에 박힌 성경 해석을 넘어 새롭고도 역사적인 해석을 더해 진정한 하나님의 뜻이 무엇인지를 알아야 한다고 부르짖던 열정적인 설교자였어. 우리가 말하는 '히브리' 민족의 연원을 '아브라함의 후손', 즉 일종의 혈연공동체가 아닌 하층 집단의 연맹을 일컫는 '하비루'(천민·노예·강도 등을 뜻함)로 보았던 그는 구약성서를 관통하는 민중과 지배의 역사, 압제와 저항, 폭군과 예언자의 역사를 통해 '민중'의 중요성을 부르짖었단다. 아닌 게 아니라 구약성서의 호세아, 이사야, 미가 등의 예언서를 읽으면 기울어져가는 왕조, 탐욕스러운 기득권자들에 대한 치떨리는 분노가 수천 년을 뛰어넘어 가슴

숭실중학교 재학 시절의 문익환(왼쪽)과 윤동주.
ⓒ Google 갈무리

을 찌를 때가 있어. 미가서의 몇 구절을 읽어보자.

내 겨레에게서 가죽을 벗기고 뼈에서 살을 발라내는 것들아. 살을 뜯고
가죽을 벗기고 뼈를 바수며 고기를 저며 냄비에다 끓이고 살점은 가마
솥에 삶아 먹는 것들아! ……권력을 잡았다고 자리에 들면 못된 일만 꾸
미다가 아침 밝기가 무섭게 해치우는 이 악당들아, 탐나는 밭을 만나면
그 밭을 빼앗는 정도가 아니라 밭 임자까지 종으로 부려먹는 것들아!《문
익환 전집》중)

이 말씀은 오늘날에도 유효하지 않을까. '젠트리피케이션'이다 뭐다 피
땀 흘려 일군 삶의 터전을 빼앗아버리는, '조물주'보다 높은 '건물주', 그
들에 의해 삶의 터전에서 하루아침에 쫓겨나 피눈물 흘리는 사람들에게
이 성경 말씀은 어떻게 들릴까. 변호사 개업하고 1년 만에 수십억 원을
챙기는 유능한 나리들과 돈 몇 백만 원이 없어 목숨을 끊는 이들이 공존
하는 나라에서 이 말씀은 수천 년 전 미가의 절규이기만 할까. 그렇지 않
을 거야. 문익환은 성경 속에서 오늘을 보았고 수천 년 전의 예언들 속에
서 눈물을 흘렸고 분노를 쌓았고 정의에 굶주렸단다. 그에게 또 한 번 계
기가 왔어.

1975년 8월 걸출한 민주화운동가 장준하 선생이 의문의 죽음을 당한
다. 찌는 듯이 무덥던 날, 등산을 갔다가 경기도 포천의 국사봉이라는 곳
에서 '실족사'한 거야. 그분의 죽음에는 허다한 의문부호가 서려 있어. 인
적도 드문 험한 곳으로 구태여 '등산'을 갔던 이유를 비롯해 석연찮은 정
황이 한두 가지가 아니었으니까.

장준하, 이분만큼 치열하게 독재권력에 굴하지 않고 저항한 사람도 드

물 거야. 광복군 장교 출신으로서 일본 육군사관학교 출신인 박정희 대통령에게 '친일파'라 일갈하고 정부와 기업이 결탁한 대규모 밀수 사건이 벌어지자 대통령에게 '밀수 왕초'라고 쏘아붙였을 정도니 그 기개를 짐작하겠지. 《사상계》라는 잡지의 발행인으로 암울한 현실에서 등대 노릇을 하며 사람들을 일깨웠고, 그를 감시하던 정보기관 요원들로부터도 존경을 받았던 '재야의 대통령'이었어. 그도 문익환의 절친한 친구였다.

"서로 고무 찬양해야 통일이 되지 않겠소?"

친구 장준하의 의혹 넘치는 죽음을 계기로 문익환 목사는 드디어 얌전한 목사, 책상머리의 구약성서 번역자에서 벗어나 한국 사회를 향해 분노를 내지르고 새로운 세상의 빛을 뿌리는 예언자로 나선다. "법은 땅에 떨어지고 정의는 끝내 무너진 가운데(구약성서 하박국 1장 3~4절)" 불의에 맞선 맹렬한 시인으로 내달았던 거야.

　그는 스스로 아호를 '늦봄'이라고 지었어. 여기서 봄이란 계절을 말하는 것이 아니라 '눈뜸'을 의미하는 '봄'이었어. '세상을 뒤늦게야 보았다'

1994년 1월 22일 문익환 목사의 운구 행렬이
서울 대학로를 지나고 있다.

는 탄식과 반성의 의미로 지은 아호였고 먼저 깨닫고 행동했던 친구들의 뒤를 잇겠다는 다짐의 작명이었지.

늦바람이 무섭다지만 '늦봄'의 기세도 무서웠다. 1976년 3·1민주구국선언에 참여하면서 "늦게 세상을 본(현실에 참여한)" 이후 그가 숨진 1994년까지의 18년 동안 그는 11년이 넘도록 감옥에 있었어. 1976년 당시 그 나이는 쉰아홉 살, 평균수명이 남자 예순을 겨우 넘던 시절이었으니 인생의 황혼기에 문익환의 늦게 본 해는 다시 찬연히 떠오른 셈이야.

그렇게 민주화운동의 선봉에 서게 됐지만 문익환 목사는 냉철한 전략가가 아닌 열정적인 시인이었다. "제발 죽지 말고 싸우라고 해라. 독립군들이 스스로 죽었다는 말을 들어본 적 없다"라는 어머니의 당부를 전하려는 순간 불덩이가 돼 떨어지는 대학생을 보고 충격 받아 스스로 당국에 출두해 감옥에 갔던 일은 얘기했지? 6공화국 출범 이후 그는 사람들을 충격의 바다에 빠뜨리는 거사를 단행해. 1989년 초 북한에 가서 김일성 주석을 만난 거야. "난 걸어서라도 갈 테니까 임진강을 헤엄쳐서라도 갈 테니까 그러다가 총에라도 맞아 죽는 날이면 그야 하는 수 없지 구름처럼 바람처럼 넋으로 가는 거지"(문익환의 시 〈잠꼬대 아닌 잠꼬대〉)라고 노래했던 문익환 목사가 별안간 평양에 나타난 거야. "아뿔싸 저 양반 잠꼬대가 아니었구나."

북한 일정을 끝낸 문익환 목사는 이왕 온 김에 어디든 모실 테니 북한 구경도 하고 가라는 북한의 권유를 뿌리쳤단다. 그 이유는? "나 여권 만료일이 4월 13일이거든요."

아빠는 이 에피소드를 문익환의 '준법정신'의 발현으로 보지 않아. 법 같지 않은 법 따위는 어기는 걸 법으로 알던 분 아니겠니. 훗날 검사에게 얘기했던 대로 "남북이 서로 고무 찬양해야 통일이 되지 않겠소?" 했던

　　　　　　　　　　　　　　　　　　　딸에게 들려주는 한국사 인물전 2

것처럼, 그는 북한에도 이런 메시지를 전달하고 싶었는지도 몰라. "나도 대한민국 여권 가진 사람으로 국가보안법은 어길지언정 지킬 건 지킨단 말이오. 당신들도 그러시오"라고 말이야. 문익환 목사는 그런 사람이었어. 감성에 호소하되 몽상에 빠지지 않았고, 시를 쓰는 이로서 보통 사람들의 상상을 넘어섰지만 항상 예언자로서 현실을 바라보는 냉철함을 잃지 않았다고나 할까.

1994년 겨울 홀연 세상을 뜬 문익환 목사의 영결식장은 수많은 인파로 붐볐고, 고인의 뜻에 찬성했든 반대했든 대한민국 역사에 우뚝 섰던 거인의 퇴장을 함께 애도했다. 그때 부른 노래를 들려주마. 그를 존경하던 작곡가가 하룻밤 사이에 만든 노래였다지.

"버려진 사선 철길을 따라 민중의 가슴 차표를 쥐고 그대 오르네 철책 면류관 쓰고 저 언덕을 오르네.……우리 지친 어깨 일으켜 떨리는 손을 마주 잡는다 갈라진 조국 메마른 이 땅 위에 그대 맑은 샘물 줄기여. 죽음을 넘어 부활하는 산 피투성이 십자가 메고 그대 오르는 부활의 언덕 위로 우리 함께 오르리."

29

이름 모를 재소자 박영두가 민주주의 유공자가 된 내력

억울하게 삼청교육대에 보내지고,
이에 항의하다 청송 보호 감호소에 끌려간 박영두는
고문방에서 구타당해 사망했다.
동료 수감자들은 그의 억울한 죽음을 알리기 위해 인질극을 벌였다.

1987년 7월 이한열 학생의 장례식에서 문익환 목사가 애타게 부른 스물여섯 명의 이름 가운데에는 보통 사람들이 보기에 '민주화운동'에 기여한 공로자라거나 또는 '열사烈士'라는 엄숙한 단어에 걸맞다 하기에는 좀 어색한 분도 한 명 끼어 있어. 박영두라는 사람이야. 그는 '대학물'을 제대로 먹은 사람도 아니었고 공장에 다니며 노동조합 활동을 한 사람도 아니었어. 하지만 문익환 목사는 그를 '열사'의 대열에 합류시켰지. 박영두는 누구였을까.

신군부의 서슬이 시퍼렇던 1980년, 스물여섯 살로 경기도 이천에서 친척이 운영하는 체육사에서 점원으로 근무하고 있던 박영두는 여름을 맞아 통영의 비진도해수욕장을 찾았어. 그런데 갑자기 경비정을 타고 살기등등한 군인들이 밀어닥쳤어. 한창 '사회 정화'를 부르짖으며 '불량배 소탕'을 노래하던 시기, 군인들은 해수욕장에 있던 젊은이들을 싹쓸이해서 끌고 갔지. 거기서 몇 대 맞고 풀려난 사람도 있었지만 박영두는 그렇지 못했어. 그에게는 폭력 전과가 있었거든. 박영두는 '삼청교육대'라는 이름의 교육장으로 끌려간다.

전두환 정권은 폭력 전과자, 술 취해서 거리를 휘청거리며 걷던 사람부터 불량 학생, 노동조합원, 몸에 문신 있는 사람들 등 눈에 거슬리는 이들을 영장이나 판결도 없이 삼청교육대로 끌고 갔어. 등급을 제멋대로 매겨 각지의 군부대에 배치해 죽도록 '훈련'시켰던 전두환 최대의 범죄 중 하나가 바로 삼청교육대야. 1980년 8월 1일부터 1981년 1월 25일까지 총 6만 755명이 무작위 체포되어 그중 순화교육 대상자로 분류된 3만 9,742명이 군부대 내에서 삼청교육을 받았으니 그 규모를 짐작할 수 있을 거야.

1980년 전두환 정권은 영장이나 판결도 없이
민간인을 삼청교육대로 끌고 갔다.

박영두가 보내진 곳은 고향에서 천리 길 떨어진 강원도 화천. 각지에서 끌려온 '깡패'들은 지옥 같은 훈련에 시달렸어. "27사단 77연대 4대대에서 개돼지보다 못한 생활을 했다. 경비병들은 지프에 감호생을 매달고 달렸고, 연병장에 유리병을 깨뜨린 후 옷을 벗긴 상태에서 포복을 시켰다(주진우, 〈잔혹한 살인자들 22년째 떵떵거리네〉, 《시사저널》 제888호)."

지렁이도 밟으면 꿈틀하는 법이고 딱정벌레도 누르면 발버둥을 치는 법이지. 죽을 것 같은 고통을 못 이겨 반항하는 사람이 나오면 군인들은 잔인한 폭행으로 그에 화답했다. 이를 지켜보던 교육생들의 분노가 폭발했고 격렬한 시위가 벌어진 끝에 군인들은 총을 쐈어. 몇 명이 죽었는지도 모르고 몇 명이 팔다리를 잃었는지도 몰라. 박영두는 그 '난동'의 주모자로 찍혀서는 무려 징역 15년을 선고받아. 이후 그는 당시 우리나라 최고의 오지로 정평이 난 경북 청송에 있는 보호감호소로 끌려간단다. 1980년대 청소년기를 보낸 아빠에게도 '청송 보호감호소'는 영화 〈빠삐용〉의 주인공이 끌려간 남미 가이아나의 감옥과 비슷한 느낌으로 기억에 남아 있어. 그만큼 특별한 감옥이었어.

하지만 삼청교육대의 그 살벌한 조교들에게 대들었던 박영두의 분노는 청송에서도 식지 않았어. 1983년 11월, 재소자 이상훈 씨 등과 함께 계획을 세워 '보호감호 철폐' 등 12개 요구 사항을 내걸고 단식 농성에 들어가기도 했으니까. 박영두는 감옥의 '끝판왕'이라 할 청송 보호감호소에서도 더욱 특별한 특별사동의 요시찰 인물이 됐어.

1984년 10월 박영두는 몸이 아파 치료를 요청하게 되는데 교도관들은 그를 의무실이 아닌 지하 특별고문방으로 데려 갔어. 사방이 고무로 돼 있어서 고통을 못 이긴 재소자가 머리로 벽을 들이받아도 탈이 없도록 한, 오로지 매를 때리는 사람에게 '최적화'된 방이었지. 거기서 교도관들은 몽둥이와 포승을 엮은 꽈배기, 혁대, 고무호스, 그리고 발길질로 박영두의 지친 몸을 부쉈지. 의식을 잃으면 물을 끼얹어가면서까지 때렸다고 해. 그 후 교도관들은 박영두를 빈틈없이 꽁꽁 묶어서 감방에 내동댕이쳐 버렸어. 박영두는 구역질을 하면서 고통을 호소했어. "살려주세요. 살려주세요." 하지만 교도관들은 외면해버렸고 박영두는 손가락 하나 움직이기 어려운 결박 속에서 서른 살 짧은 생을 마치고 말아. 그가 가고 싶어 했던 의무실의 의사는 그 죽음에 '심장마비'라는 판정을 내린다. 마치 아무 일도 없었다는 듯.

하지만 박영두에게는 동료들이 있었어. 감옥을 제집처럼 드나든 전과 수십 범의 중죄인이거나 살인자 같은 흉악범일 수도 있었지. 하지만 그들은 짐승만도 못한 대우를 받다가 눈 치뜨고 죽어간 동료의 죽음에 분노할 줄 아는 사람이었어. 박영두가 사망한 1주기를 맞아 재소자들은 법정이나 검찰에서 박영두의 억울한 죽음을 폭로할 기회를 얻기 위해 가공할 만한 모험을 벌이게 돼. 교도관 여덟 명을 인질로 삼아 사흘 동안이나 버틴

1984년 청송 보호감호소에서 재소자 박영두 씨(당시 29세)가
교도관의 폭행으로 사망했다. ⓒ 시사IN 포토

거야. "박영두 사건의 가해자를 검찰에 고발하라!" 우리를 감옥 밖으로 내보내달라도 아니고, 제대로 된 대우를 해달라도 아닌, 사람을 죽인 사람을 고발해달라는 죄인들의 농성. 적어도 그 순간 정의의 여신도 적잖이 당황했을 거야. 대체 무엇이 정의란 말인가. 재소자들의 농성은 실패했지만 그래도 그들은 포기하지 않았어. 무려 여섯 명이 이를 악물고 칫솔을 삼킨다. 치료받으러 나가서라도 동료의 억울한 죽음을 알리려는 몸부림이었지. 다섯 명이 삼킨 칫솔은 얌전히 식도와 위와 창자를 거쳐 밖으로 나왔지만 단 한 명은 칫솔을 몸에 담은 채 외래 진료에 나선다. 그는 거기서 박영두의 억울한 죽음을 알리는 쪽지를 남기게 돼. 박영두의 이름은 그렇게 조금씩 흘러나왔고 문익환 목사는 '열사'라는 호칭으로, 이 나라 민주주의를 앞당긴 이들의 자리에 박영두를 올려 세우게 됐던 거야.

민주주의 기본 정신은 '인간의 존엄성'

그의 사망에 국가가 배상 책임을 인정한 것은 죽은 지 20년도 더 지나서였어(2000년 10월 대통령 소속 의문사진상규명위원회는 박영두 죽음의 진실을 밝혔고, 2006년 8월이 되어서야 박영두는 민주화운동 관련자로 인정받았다). 그에게 민주화운동 유공자 호칭이 붙은 것을 두고 엄청난 비난이 쏟아졌다. "전과자 흉악범에게 무슨 민주화운동이냐." 하지만 문익환 목사는 이미 1987년에 일찌감치 그를 열사로 불렀어. 그 이유는 무엇이었을까.

좀 다른 이야기지만 비전향 장기수라 불린 사람들이 있어. 북한 공작원으로 남한에 침투했다가 체포돼 장기간의 옥살이를 했던, 그러나 우리 당국이 강요했던 '전향'(공산주의를 버리고 '자유대한'을 선택한다는 선언)을 거부한 사람들이지. 2004년 비전향 장기수 몇 명이 민주화운동 유공자로 인정되면서 파문이 인 적이 있어. "간첩에게 민주화운동 유공자가 웬 말이냐!"는 반발이었지. 하지만 아빠는 생각이 달라. 아빠는 그들의 사상에 명백히 반대하지만, 그 기여를 인정해야 한다고 봐.

몇 번이나 얘기했다마는 민주주의의 기본 정신은 '인간의 존엄성'이야. 그래서 인간 존엄함의 의미를 드높이는 모든 움직임은 민주주의에 기여했다고 표현할 수 있어. 설령 북한에서 파견한 간첩들이라고 해도, 체포 후 사법부의 심판을 받았다면 그 이후로는 대한민국 국민들에게 허용되는 최소한의 권리와 인간적 존엄을 보장받아야 해. 그게 민주주의야. 그런데 정부는 법적 처벌의 범위를 넘어서 그들의 머릿속을 바꾸라고 강요했어. 이야말로 "모든 국민은 양심의 자유를 가진다"는 대한민국 헌법에 대한 정면 도전이 아니었을까?

똑같은 의미로 아무리 큰 죄를 지었다고 해도 (박영두는 지은 죄도 없었지만) 자신들의 최소한의 권리를 위해 싸우다 온몸이 뒤틀린 채 죽어간 박영두, 그 죽음을 헛되이 하지 않기 위해 칫솔을 삼키면서 발버둥쳤던 이름 모를 재소자들은 우리나라 민주주의의 유공자가 되는 거란다.

명심하기 바란다. 민주주의란 특별하게 용감한 사람들, 정의로운 사람들만이 지키는 게 아니란다. 네 자리에서 부당함에 항의할 줄 알고, 네 권리를 누군가 빼앗아가는 일에 분노할 줄 아는 것이 민주주의를 지키는 길이라는 것을.

30

"아아, 떠남이 아름다운" 서울대생 4인

1986년 봄, 한 달 간격으로 서울대생 네 명이
독재에 항거하며 스스로 목숨을 버렸다.
죽음을 지켜본 문익환 목사는 통곡하듯
이들의 이름을 불렀다.

지금도 크게 다르지 않지만 1980년대에 서울대학교에 입학한다는 건 개인의 영광이요 가문의 기쁨이었고 이웃에게 부러움의 대상이었다. 그런데 수많은 서울대생이 장밋빛 미래를 버리고 가시밭길을 택했으며 죽음으로 독재에 항거했다는 사실 또한 분명히 기억해주었으면 좋겠어. 1987년 7월 고 이한열 학생 장례식에서 문익환 목사가 목메어 부른 '열사' 26명 가운데 서울대생이 아홉 명이나 되거든.

그 가운데 네 명은 1986년 봄, 한 달 간격으로 아까운 목숨을 잃었다.

김세진·이재호·이동수 그리고 박혜정. 먼저 1986년 4월 28일 전방 입소 (전두환 정권 때는 대학생들을 의무적으로 군부대에 입소하여 '교육'을 시켰단다)에 반대하여 시위를 벌이던 도중 서울대학교 자연대 학생회장 김세진과 정치학과 83학번 이재호가 스스로 몸에 불을 댕겼어. 그런데 김세진의 경우 부모에게 이런 편지를 남겼어. "충격이 크시겠지만 걱정하지 마십시오. 저는 아주 여유 있는 마음 상태입니다. 그리고 이 일을 주도하면서도 아주 열심히 싸울 것이고, 성실히 고민할 것입니다. 경찰에게는 지난 수요일부터 쭉 집에 들어가지 않은 것으로 얘기해주세요." 즉 분신을 치밀하게 준비하고 결행한 건 아니었다는 것이지. 하지만 무슨 사연인지 두 젊은이는 친구들의 눈앞에서 불덩이가 되어 쓰러졌어. 이윽고 1980년대 내내 범상치 않았던 5월이 왔지.

1986년 5월 20일 서울대 오월제에 문익환 목사가 찾아온다. '광주항쟁의 민족사적 재조명'이라는 강연을 하기 위해서였지. 김세진·이재호 학생에 대한 묵념 후 강연을 시작하려는데 학생회관 4층 옥상에서 날카로운 구호 소리가 들려왔어. 원예학과 83학번 이동수였지. 그는 연신 "폭력 경찰 물러가라, 전두환을 처단하자" 외치고 있었지. 그 모습을 지켜본 사

1988년 4월 서울대 도서관 앞에서
서울대생 김세진·이재호 열사 2주기 추모식을 하고 있다.

람들 중 상당수는 또 한 번의 분신 사태가 일어날 거라는 걸 직감했다고
해. 본능적으로 사람들이 "안 돼!" 외치는 가운데 이동수는 온몸이 불덩
이가 돼 땅으로 떨어져 내렸어. 그는 운동권 활동을 제대로 한 적이 없는
학생이었어. 오히려 81학번 선배들한테 몰매까지 맞은 적이 있다고 했
지. 삼수생으로 나이가 81학번 또래였던 그가 선배들에게 존댓말 쓰기를
거부했기 때문이야(《서울대저널》 제141호). 이른바 운동권 조직의 일원도
아니었으나 뒤틀린 나라에 분노하고 정직하게 항거했던 한 청년은 스스
로 생명을 거뒀다. 그의 유서 중 인상 깊은 한마디. "'아니오'라고 할 수
없을 때 인간은 노예가 된다."

　눈앞에서 사람이 불타 떨어지는 걸 본 서울대 학생들은 걷잡을 수 없이
분노했어. 그때 도서관에는 한 학생이 뛰어 들어와 열람실 안의 학생들에
게 이렇게 부르짖었다고 해. "사람 죽었다, 이 자식들아. 나와서 싸우자.
안 싸우겠으면 나와서 구경이라도 해라." 운동권이든 아니든 전두환 정
권의 야만에 분노하고 있던 서울대생들은 도서관과 강의실을 박차고 나
왔어. 돌을 던지고 경찰과 육박전을 벌이면서도 많은 학생들은 울고 있었
다. 그 가운데 국문학과 83학번 박혜정도 있었어.

용기 없음을 자책하던 젊은이는……

박혜정의 아버지는 군인 출신이었다고 해. 공식적으로 연좌제가 폐지되
긴 했으나 데모하는 자식을 둔 군인, 공무원 아버지는 그 자리를 지키기
가 쉽지 않았어. 그래서 "네가 데모하면 우리 집안이 망한다"는 게 현실
적 압박이던 때였지. 박혜정 역시 엄한 집안 분위기에서도 데모에 종종
참여했지만 본격적으로 운동에 뛰어들지는 않았다고 해. 가족과의 갈등

이 엄청났을 것이고, 본인이 가꿔온 문학도로서의 꿈도 소중했을 테니까. 그녀는 동짓달 그믐밤같이 날선 독재 치하의 암흑과 제 몸을 불태워 발하는 순백 사이의 회색지대에 남아보려고 애썼어. 하지만 이동수가 불덩이가 되어 떨어지는 모습을 본 그녀 역시 울면서 돌을 들었다. 용기 없음을 스스로 질책하던 한 젊은이의 폭발이자 외면할 수 없는 전쟁에 참전하겠다는 선언이었지. 그날 그녀는 평생 처음 외박을 했고 이후 버스를 탔지만 집으로는 돌아가지 않았고 며칠 뒤 한강에서 시신으로 발견됐어. 그녀가 남긴 유서에는 헤아릴 수 없는 감정들이 버무려져 있었어.

떠남이 아름다운 모든 것들. 괴로운 척, 괴로워하는 척하지 말 것. 소주 몇 잔에 취한 척도 말고 사랑하는 척. 그래 이게 가장 위대한 기만이지. 사랑하는 척. 죽을 수 있는 척. 왜 죽을 수 없을까? 왜 죽지 않을까? 자살하지 못하는 건, 자살할 이유가 뚜렷한데 않는 건 비겁하지만 자살은 뭔가 파렴치하다. 함께 괴로워하다가 함께 절망하다가 혼자 빠져버리다니. 혼자 자살로 도피해버리다니.

본인에게 던지는 불평 같기도 하고 김세진과 이재호와 이동수에게 던지는 비명 같기도 하지. 자살할 이유가 뚜렷한데 하지 않는 건 비겁하다고 규정하면서도 외려 그 죽음을 원망하고 있으니까. 차라리 당신은 죽어서 속 편하지 않으냐고, 당신은 이제 이 고통과 절망에서는 차라리 벗어나지 않았냐고 토로하는 것 같으니까. 그런데 그녀의 유서는 그 후 단호해져.

반성하지 않는 삶. 반성하기 두려운 삶. 반성은 무섭다. 그래서 뻔뻔스럽다. 낯짝 두꺼워지는……아파하면서 살아갈 용기 없는 자, 부끄럽게 죽을 것. 살아감의 아픔을 함께할 자신 없는 자. ……이 땅의 없는 자 억눌린 자 부당하게 빼앗김의 방관, 덧보태어 함께 빼앗음의 죄. 더이상 죄지음을 빚짐을 감당할 수 없다. 아름답게 살아가는 모든 이들에게 부끄럽다. 사랑하지 못했던 빚 갚음일 뿐이다.

같은 학번이었던 이동수의 살이 타들어가는 냄새를 맡으면서 법전을 파고들고 토플 단어를 외우는 뻔뻔함을 가지지 못했고, 그 죽음에 아파하면서 몸 바쳐 살 용기는 한술 부족했던 청년, 숱한 사람들의 목숨을 속절없이 앗아가던 역사에 슬쩍 다리만 걸칠 깜냥도 없었을 뿐 아니라 그런 비겁함을 '함께 빼앗는 죄'로 규정했던 젊은 여학생의 발길은 결국 한강 다리로 향하고 말았어.

1986년 봄의 뼈아픈 죽음들 앞에서 가장 충격을 받았던 사람이 바로 문익환 목사였어. 이동수가 떨어져 죽던 바로 그날, 아들이 서울대 강연을 간다는 말을 들은 문 목사의 모친 김신묵 여사는 이렇게 애타게 호소했다고 해. "일제 때 독립운동하던 사람들이 단 한 사람도 그렇게 죽는 거 봤니. 네가 가서 꼭 부탁하거라. 제발 죽지 말고 싸우라고." 그러나 그 말을 미처 하기도 전에 일은 벌어져 이동수가 죽고 박혜정이 스러졌다. 이후 문 목사는 스스로 체포되다시피 감옥으로 갔고, 1년 뒤 6월 항쟁을 거쳐 정권의 항복 선언이 있은 후 7월 8일 석방됐어. 그리고 바로 다음날인 7월 9일 이한열의 장례식에 달려가 부르지 못한 이름들을 통곡처럼, 비명처럼 불렀던 거야. 김세진·이재호·이동수·박혜정, 그 험난했던 1986년 서울대생들의 이름을 부르면서 문익환 목사는 어떤 심경이었을까. 아빠는 상상할 엄두도 나지 않는다. 아파오는 가슴을 쥐고 박혜정의

시를 노래로 만든 〈떠남이 아름다운 사람들이여〉를 읊조릴 뿐이야.

"아아 사람들이여. 떠남이 아름다운 사람들이여."

1987년 7월 8일 경남 진주교도소에서
가석방된 문익환 목사.

31

노동자 박영진, 1986년 전태일을 뒤따르다

전태일 열사를 '한국의 예수'라 불렀던,
따동갑 노동자 박영진은 근로기준법을 지키라고
호소하고 분신한 그처럼 "부당해고 철회하라" 외치고
불덩이가 되었다.

이한열 열사의 장례식에서 문익환 목사가 목이 터져라 불렀던 스물여섯 명 가운데에는 누구나 익히 알고 고개를 끄덕일 만한 사람도 있었지만 그날 그곳에 모인 이들에게조차 생경한 이름도 끼어 있었어. 문익환 목사는 익히 알려진 학생들뿐 아니라 "인간답게 살고 싶다"는 좀 더 원초적인 절규 속에 죽어간 노동자들의 이름을 타오르는 불길로 되살려놓았단다. 오늘은 문익환 목사가 부른 이름 가운데 전태일처럼 뜨겁게 살다 죽어간 박영진이라는 노동자 이야기를 들려주려 해.

　문익환 목사가 연설 중 처음으로 부른 전태일과 열세 번째로 불러낸 박영진은 여러모로 닮은꼴이었어. 먼저 전태일은 1948년 쥐띠이고 박영진은 1960년 쥐띠로 띠동갑이야. 고향은 대구(전태일)와 충남 부여(박영진)로 다르지만, 형제는 4남매(전태일)와 5남매(박영진)로 엇비슷했고 둘 다 장남이었어. 또 그 부모가 가난을 이기지 못해 무작정 서울로 올라와 살았던 것도 같고 네가 《만화 전태일》에서 봤듯 우산 장수부터 구두닦이까지 닥치는 대로 일했던 전태일처럼 박영진도 구두닦이·신문팔이 등 가난의 바닥을 헤맨 사람들이 할 수 있는 일을 뭐든 다 하면서 컸단다. 공부는 사치였고 중학교 이후는 교문을 들어가 본 적이 없었지. 전태일처럼 박영진도 좀체 좌절을 모르는 사람이었어. "모든 것이 사랑에서 싹트고 거둬진다. 우린 모든 것을 사랑해야 할 의무가 있다. 진실에서 정직하게 출발하자. 지난세월을 좋은 경험이라 믿고 더욱더 분투하는 마음 자세를 갖자." 나이 스무 살에 이런 일기를 쓰는 사람이었으니까. 지긋지긋한 과거조차 사랑하려는 사람이었으니까.

전태일 열사의 어머니 이소선 여사가
아들의 영정사진을 끌어안고 눈물을 삼키고 있다.

아무리 어둡고 괴로워도 역사는 수많은 삶을 빨아들이면서 움직여가게 마련이야. 12년 차이 띠동갑 전태일의 세상과 박영진의 세상은 달라져 있었어. 그 변화의 중요한 축 가운데 하나는 다름 아닌 전태일의 존재였다. 전태일이 노동법 공부를 하면서 한자를 몰라 애를 태우며 "대학생 친구 하나만 있었으면"이라고 소원했다는 얘기를 기억할 거야. 전태일은 끝내 그의 생전에 대학생들과 교분을 가질 수 없었지. 그러나 전태일이 몸을 내던져 세상을 울렸을 때 철벽 저편에서 자신의 삶을 누리던 사람들의 양심이 눈을 떴다. "우리가 전태일을 죽였다"라면서 가슴을 치며 "노동자의 친구가 되겠다"는 이들이 꼬리를 물고 세상의 낮은 곳으로 스며들었던 거야. 그들 덕분에 박영진은 대학생 친구를 사귈 수 있었어.

전태일의 죽음이 뿌린 씨앗은 싹을 틔워 점차 튼튼한 줄기로 커가고 있었고, 전두환의 폭정 속에서도 등불처럼 빛나던 야학들은 줄기에서 뻗어나가는 튼실한 가지들이 되어주었지. 전태일의 희생은 그렇게 박영진에게 그루터기가 돼. 전태일이 그토록 목 놓아 찾던 대학생 친구들과 함께 공부를 하면서 박영진은 변모해갔다. 밤샘 작업 후 노랗게 변한 하늘을 이고도 줄기차게 찾아든 야학의 초롱불 밑에서 그의 가슴은 뜨거워졌어.

노동자가 된 대학생 친구들, 그리고 동료 노동자들과 함께 박영진은 근무하던 공장의 노동조합을 결성하는 데에 성공해. 노동조합법에 나온 대로 필요한 서류를 준비해 노동청에 들이밀었을 때 박영진의 기분은 말할 것 없이 하늘을 날았을 것이고 하늘 위의 전태일은 자신의 띠동갑 후배에게 손뼉을 치며 발을 굴렸겠지. "장하다 영진아." 하지만 전태일이 당한 그대로 박영진과 그 동지들은 뒤통수를 맞았어. 회사, 노동부, 경찰까지 일치단결해 유령노조를 만들고 그걸 노동조합이라고 우기며 박영진 등의 노조 설립 신고서를 반려한 거야.

박영진은 곧 해고돼. 1986년 신흥정밀이라는 회사에 들어간 박영진은 다시 노조 활동을 했지만 경찰과 회사는 헌법에 보장된 노동자의 권리를 지켜줄 생각이 전혀 없었어. 줄줄이 해고와 연행이 잇따랐고 마침내 박영진과 그의 동지들은 이 사실을 폭로하고 공장 식당을 점거하는 투쟁을 계획해. 하지만 계획이 새어나갔고 경찰과 회사 측 노동자들이 되레 식당을 장악해버렸지. 그때였어. 박영진이 석유를 뒤집어쓰고 나타난 것은.

그로부터 이틀 전, 박영진은 후배 여성 노동자에게 편지를 쓴다. "사랑하는 명숙에게"로 시작하는 편지에서 그는 '한국의 예수' 전태일을 얘기하고 있었어. "한국의 예수처럼 남을 위할 줄 아는, 남들과 더불어 사는 내가 되고 싶다." 청계천 거리에서 근로기준법을 지키라고 외친 전태일처럼 그는 쩌렁쩌렁 외쳤어.

"9시간 노동에 초임 3,080원을 8시간 노동에 4,200원으로 인상하라!"

"부당해고 철회하라!"

옥상으로 밀려 올라갔지만 진짜로 죽을 생각은 아니었을지도 몰라. 전태일도 원래는 근로기준법 책을 불 지르려고 했던 거였지. 하지만 더이상 견딜 수 없게 만드는 세상이 그를 불길로 몰아넣었던 것이지. 박영진도 그랬어. 박영진은 성명서에 불을 붙인 후 열을 세겠다고 했어. 셋도 아니고 열이었어. 하나 둘 셋도 아니고 열까지 기다린 것은 일종의 기대였을지도 몰라. 그래도 죽겠다는 사람 앞에서는 물러나주지 않을까 하는. 그때 회사 측과 공권력의 대응은 비아냥이었어. "죽어 봐라. 너 같은 XX는 죽어야 된다." 그리고 카운트아웃. 박영진은 그대로 불덩이가 됐다.

"노동자가 주인 되는 사회가 되어야 한다"

이후 상황은 더 끔찍했어. 살아 있는 육신이 펄펄 타들어가는 냄새가 코를 찌르는 가운데 경찰은 불을 끄려던 노동자 4명을 연행하는 데 더 신경을 썼고 바로 택시에 실려 병원으로 간 전태일 때와는 달리 박영진은 목숨이 사위어가는 서러운 몸뚱이로 10분이 넘도록 현장을 떠나지 못한 채 바닥을 뒹굴고 있었던 거야.

전신 화상을 입고 헉헉거리는 박영진 앞에 16년 전과 같이 한 어머니가 나타났어. 전태일의 어머니 이소선 여사. 울부짖는 이소선 여사 앞에서 두 젊은이가 마지막 힘을 다 내어 유언 같은 절규를 남긴 것도 똑같아. 전태일이 내 죽음을 헛되이 말라고 외쳤다면 박영진은 이렇게 목청을 쥐어짰단다.

"노동자가 주인 되는 사회가 되어야 한다.……이 땅에 정의가 넘치고 사랑이 있어야 하고 평화가 있어야 한다!"

그리고 뒤늦게 소식을 듣고 달려온 어머니 이미선 씨 앞에서 박영진은 위로 같은 유언을 남겼어.

"영광입니다. 어머니. 장한 일이에요."

어쩌면 그는 스무 살 때 일기처럼 그 끔찍한 최후마저, 지옥불 같은 고통마저 '사랑'했는지도 몰라. 여자 후배 노동자에게 '한국의 예수' 이야기를 들려주려 애쓰던, 그 '한국의 예수'가 작게나마 바꾼 세상의 '혜택'을 입었던 박영진은 그의 삶과 죽음이 부를 또 다른 변화의 싹을 사랑하고 싶었던 건 아닐까. '영광'이라는 단어를 자식을 잃어가는 어머니에게 할 수 있었던 박영진은 싹이 트고 잎이 나고 열매 맺음을 믿었던 게 아닐까. 동료들이, 노동자들이, 학생들이, 나아가 세상 사람들이 자신의 죽음을 덧없이 놓아두지는 않으리라 확신했던 게 아닐까. 1986년 3월 스물일곱 살 노동자 박영진은 돌아오지 않는 불화살로 어두운 역사를 그렇게 가르고 떠났어.

1986년 3월 18일 이소선 여사(오른쪽)가
분신 노동자 박영진의 곁을 지키고 있다.

32

59년생 김의기와 61년생 황보영국, '광주'를 아파하다

1980년 5월 광주항쟁이 끝난 이후에도 의로운 청년의 죽음은 끊이지 않았다.
대학생 김의기는 〈동포에게 드리는 글〉이라는
유인물을 뿌리고 스스로 목숨을 끊었다.
노동자 황보영국 역시 목숨을 바쳐 광주를 부르짖었다.

이한열 학생의 장례식에서 문익환 목사가 목 놓아 불렀던 26명의 이름 가운데 이번에는 두 명에 대해 얘기할까 한다. 김의기와 황보영국. 1959 년생 돼지띠 김의기는 1980년 스물두 살의 나이로, 1961년생 소띠 황보 영국은 1987년 스물일곱 나이로 비슷한 외침을 지상에 남기고 역사라는 하늘의 별이 됐다. 먼저 경북 영주 출신인 김의기부터 이야기해보자.

1980년 5월 27일. 공수부대는 광주 시민군의 마지막 근거지였던 전남

도청을 점령했어. 광주는 피로 물들고 군부독재의 통제는 완벽해 보였
지. 광주·전남을 제외한 전국 각지 사람들은 무슨 일이 일어나고 있었는
지 정말로 까맣게 몰랐어. 그러나 그 새까만 어둠 속에서 광주의 참상을
전하는 촛불이 오롯이 켜진 건 5월 30일, 광주항쟁 종료 후 단 3일 뒤였
단다. 서슬이 시퍼렇던 계엄령하의 서울 종로 기독교회관. 6층 창밖으로
유인물이 때 아닌 눈처럼 휘날렸다. 근처에 있던 계엄군들이 지체 없이
건물 안으로 뛰어 들어갔지. 험악한 욕설과 날카로운 구호가 적막한 봄
하늘을 찢었고, 이윽고 한 사람이 6층에서 지상으로 떨어져 내렸다. 다음
과 같은 유인물을 남기고.

피를 부르는 미친 군홧발 소리가 우리가 고요히 잠들려는 우리의 안방
까지 스며들어 우리의 가슴팍과 머리를 짓이겨놓으려고 하는 지금, 동
포여, 무엇을 하고 있는가? 동포여, 우리는 지금 무엇을 하고 있는가?
보이지 않는 공포가 우리를 짓눌러 우리의 숨통을 막아버리고 우리의
눈과 귀를 막아 우리를 번득이는 총칼의 위협 아래 끌려다니는 노예로
만들고 있는 지금, 동포여, 무엇을 하고 있는가?

문재인 대통령이 5월 18일 광주 국립 5·18 민주묘지에서
당시 희생된 이들의 묘역에 참배하고 있다.

그는 "무참한 살육으로 수많은 선량한 민주시민들의 뜨거운 피를 오월의 하늘 아래 뿌리게 한 남도"를 직접 보고 돌아온 몇 안 되는 서울의 대학생이었어. 또한 불과 보름 전 계엄 철폐를 요구하며 서울역 앞을 뒤덮었던 수십만 학생 시위대의 일원이기도 했지. 당시 학생운동 리더들은 요구를 충분히 전달했으니 일단 정부의 답변을 기다리자며 시위대를 해산시켰어(이걸 '서울역 회군'이라고 부른다). 시위가 절정을 이룬 순간 학생들은 정부에 민주주의 이행을 요구하며 한발 물러섰지만 전두환 일당은 오히려 그 틈을 노렸다. 광주항쟁은 그 와중에 벌어진 비극이었어.

피에 굶주린 짐승처럼 대한민국 국민의 목줄기를 물어뜯은 전두환 일당의 만행에 몸서리를 치며 서울로 돌아왔지만 보름 전에 기세등등했던 수십만 학생 대군은 온데간데없고, 계엄령이 떨어지면 어디 어디서 만나 싸워보자는 약속도 이미 시커멓게 잊히고 있었어. 김의기는 그 암담함을 참을 수 없었던 거야.

그즈음 TBC라는 방송사에 근무하던 정훈 PD는 제작비 지급 부서에 근무하던 한 여직원과 인사를 나누게 돼. "서강대 나오셨다면서요? 제 동생도 거기 지금 다녀요" 하면서 반가워하며 "우리 집엔 형제가 많은데 그 동생이 유일하게 대학을 졸업하게 된답니다"라고 뿌듯해하던 누나였지. 얼마 후 정 PD는 학살자 처단을 외치며 죽어갔던 서강대 후배의 소식과 더불어 그 후배 김의기가 여직원의 동생이었음을 듣게 됐지. 누나의 말에 따르면 김의기는 누구보다 착한 젊은이였어. "의기는 2월에 졸업한다고 했어요. 2월이 돼서도 졸업을 안 하기에 왜냐고 물으니까, 저보다 가난한 친구에게 등록금을 주어서 자기는 가을에 하게 됐다고 하더군요(누나 김주숙의 증언)."

그 착하고 정의감 넘치는 청년에게 1980년 5월은 견딜 수 없는 갑갑함이었고 찢어버리고 싶은 재갈이었어. 어떻게 이런 미친 세상에서 사람들이 웃고 떠들고 술 마시고 연애하고 시시덕거리며 살 수 있는 것인가. 우직한 청년 김의기는 그 괴리를 떨쳐버리지 못했다. 그의 유서를 다시 읽어보렴. 그의 속내가 그대로 울려나온다.

"이건 아니잖아. 우예 이럴 수가 있노 말이다."

김의기가 떠난 지 7년이 흘렀다. 그러나 1987년에도 여전히 광주를 이해하는 사람들보다는 전연 깜깜한 사람들이 훨씬 더 많았어. 최근 100만 관객을 넘긴 다큐멘터리 영화 〈노무현입니다〉를 보면 인권변호사 노무현을 감시하던 정보기관 요원이 이런 인터뷰를 한다. 어느 날 노무현 변호사가 그에게 광주항쟁 관련 비디오를 건넸어.

"당신도 한번 봐야 한다." 처음에는 '이런 거 주면 당신 잡아가야 한다'고 뻗대던 정보기관 요원이었지만 호기심이 나서 문 잠그고 비디오를 돌려본 그는 노무현 변호사를 찾아와 치를 떨었다고 해.

전두환 정권의 암담함을 알리며
자결한 김의기 열사(왼쪽)와 황보영국(오른쪽) 열사.

"백주대낮에 어떻게 이럴 수가 있습니까."

노무현 변호사가 활약하던 도시 부산에서도 1987년 4월 광주항쟁 사진전이 열렸어. 당시 사진전 개최에 관여했던 박승원 신부의 말을 들어보자. "시장 아주머니들이 와서 관람 시간을 연장해달라는 거예요. 와서 보고는 광주 영정들 앞에서 대성통곡을 했습니다." 정보기관 요원부터 시장 아주머니에 이르기까지 광주의 진실은 머리를 쇠몽둥이로 두들기는 충격이었던 거야.

공업고등학교를 나와 공장에서 열심히 일하던 성실한 기독교인 청년 황보영국에게도 그랬어. 역시 부산 출신인 박종철 학생 추모 집회에 참석했다가 며칠 유치장에 머문 걸 제외하면 별다른 운동권 활동 이력도 없었던 이 부산 청년은 광주항쟁 7주년을 하루 앞둔 1987년 5월 17일, 부산상고 앞 대로에서 온몸에 기름을 끼얹고 불을 붙였다. 사람 모양의 불덩이가 되어서도 그는 안간힘을 쓰고 달리며 외쳤다.

"광주학살 책임지고 전두환은 물러가라."

아마 그 역시 생전에 여러 번 경상도 사투리로 한탄했을 거야. "우째 이럴 수가 있노 세상 사람들아." 끝내 그가 숨을 거두자 경찰이 아버지를 찾아와서 등을 떠밀었다. "빨리 화장해버리시오." 불타 죽은 그의 시신은 제대로 된 장례도 치르지 못한 채 단 하루 만에 불구덩이로 들어가야 했어. 대학생도 아니고 무슨 노동조합원도 아니었던 황보영국의 죽음은 그때도, 그 이후로도 크게 주목받지 못했어. 그가 민주화운동 유공자로 인정된 건 무려 14년이 지난 2001년이었다. 하지만 문익환 목사는 그를 기억했고 역사적인 연설 속에서 황보영국 이름 넉 자를 영원히 살려놓게 돼.

혹여 오해하지 말기 바란다. 아빠는 그들이 스스로 몸에 불을 댕기거나 죽음으로 항거했다는 이유로 그들을 영웅으로 만드는 일에는 찬성하지 않아. '열사烈士'라는 호칭에 가슴 한쪽이 뜨거워지지만 또 다른 한쪽으로 그 호칭이 마냥 달갑지 않은 것은 그들의 '죽음'에 방점이 찍힌 표현이 아닌가 하는 우려 때문이야(아빠의 개인적인 생각일 뿐이다만). 우리가 그들을 기억해야 하는 건, 그들의 죽음보다는 그들의 삶 때문이라고 생각해. 최선을 다해 살았고, 자신의 모든 것을 걸고 주위 사람들을, 자신을 바라보는 사람들에게 진실을 전하려고 했던 그들의 치열한 삶이 우리가 겸손히 올려다보아야 할 역사의 별빛이 되는 이유일 거야. 1980년 5월 이후 7년, 광주라는 이름의 십자가와 수백 명 광주 영령의 한 맺힌 가시관을 쓰고서 대한민국은 한 발 한 발 힘겨운 걸음을 옮겨왔어. 6월 항쟁이라는 영광의 언덕을 향해서 말이야.

그 언덕 위에서 문익환 목사는 지나온 길에 핏방울로 떨어졌으나 꽃으로 피어났던 이름들을 불렀다. 목숨 바쳐 광주를 부르짖었던 두 살 차이 경상도 청년, 김의기 학생과 노동자 황보영국은 나란히 서서 그 호명呼名을 들었겠지. 경상도 말로 "됐나?", "됐다!", "기분 좋나?", "기분 좋다!"를 주고받으면서 말이야.

33

"민주주의란 나무는 피를 먹고 자란다",
김상진의 불꽃 같은 삶

1975년 4월 박정희 정권이 '인민혁명당' 사건
관련자 여덟 명을 교수형에 처한 후
모두 숨을 죽이고 있을 때
서울대생 김상진은 준비한 양심선언문을 읽고 자결했다.

세계사 속에는 사람들의 마음을 뒤흔들고 역사를 바꿨던 수많은 명연설이 존재하지. 한국 역사에도 많은 명연설이 있었어. 1987년 7월 9일 이한열 학생 장례식에서 문익환 목사가 한 연설도 그중 하나야.

그 연설에는 어떤 미려한 문장도, 사람들의 가슴을 울리는 표현도 없었어. 그러나 사람들은 문익환 목사가 연설을 하자마자 울기 시작했고 끝을 맺고도 한참 동안 몸을 가누지 못한 채 흐느꼈지. 연설 내용은 스물여섯 명의 이름이었어. 1970년대 중반부터 1987년에 이르기까지, 유신시대와 5공화국이라는 야만의 시대, 그 흑암 같은 바위에 맨몸으로 부딪친 '열사 烈士'들을 문익환 목사는 목 놓아 불렀던 거야. 6월 항쟁이라는 거대한 역사의 현장을 함께하지 못하였으나 그 순간을 꿈에 그리며 죽어간 사람들, 마침내 국민들이 승리하고 초라한 독재의 찌꺼기들이 굽실거리는 판을 만드는 데 가장 공이 컸던 사람들.

처음으로 불린 사람은 노동자 전태일이었어. 그분에 대한 설명은 여러 번 한 적이 있으니 그다음 분으로 넘어가도록 하자. 두 번째로 불린 이는 김상진이라는 분이었어.

1975년은 무척 암담한 해였다. 그해 4월 9일 이른바 '인민혁명당(인혁당)' 사건 관련자 여덟 명이 교수대의 이슬로 사라졌단다. 그들에게 대법원 확정판결이 내려진 건 4월 8일, 하루 전날이었어. 즉 사형선고가 떨어진 지 24시간도 지나지 않아서 정권은 그들을 죽여버렸던 거야. 인혁당 관련자들이 사형이라는 끔찍한 판결을 듣던 바로 그날, 박정희 대통령은

1975년 '인민혁명당' 사건 관련자들을 사형선고 하루 만에 교수형에 처하자 유가족이 통곡하고 있다.

어느 대학교를 특정하여 '긴급조치'를 내리는 어처구니없는 일을 저지르기도 했어. "고려대학교 안에서 집회와 시위를 금하고, 국방부장관은 필요하다고 인정할 때 병력을 동원하여 이 학교의 질서를 유지할 수 있다"라고 선언한 거야. 자그마치 대통령이 일개 대학하고 싸우겠다고 덤빈 셈이야.

그해 봄은 유별나게 황사가 심했다고 해. 유신정권의 살기는 마치 황사처럼 온 대학가와 대한민국을 뒤덮고 사람들의 눈을 찌르고 목구멍을 틀어막았어. 그러나 그 어떤 잔인한 폭정과 서슬 퍼런 권력의 독기 앞에서도 할 말은 하는 사람들이 있어왔던 것이 우리 현대사의 자랑스러운 전통이지. 긴급조치 발표 사흘 뒤, 그리고 인혁당 관련자들이 창졸간에 목숨을 빼앗긴 이틀 뒤 이 독살스럽고도 유치했던 독재정권에 대한 대거리가 서울대학교 농과대학에서 터져나왔어. 그 주인공이 바로 서울대학교 68학번 김상진이었지.

그는 학생회 활동을 하긴 했지만 이미 군대까지 다녀온 복학생이었어. 서울대학교 간판 들고 좋은 곳에 취직을 하든, 대학원에 가서 학문을 하든 그 앞길이 그렇게 어두울 리 없는 유망한 청년이었다는 뜻이야. 실제 김상진은 졸업반으로서 자신의 진로를 두고 고민하고 있었다고 해. 하지만 세상이 험악하게 변하고 후배들도 기가 질린 듯 움츠러들자 그 마음이 바뀌었던 것 같아. "복학하고 보니 조직이 개판이다. 바로잡아야겠다(신동호, 《70년대 캠퍼스》)."

"사람이 죽었는데 감옥 가는 게 대수냐"

축산학과 대책위원장 노릇을 스스로 떠맡은 김상진은 4월 11일 서울농대

3차 집회를 준비하게 돼. 그런데 좀 이상했어. 양심선언문을 써서 각 방송국에 보낸 것까지는 그렇다고 치는데 기자들에게 기이한 귀띔을 한 거야. "서울농대에서 4월 11일에 뭔가 일이 벌어질 겁니다." 그리고 마침내 4월 11일 김상진은 선후배와 친구들 앞에 우뚝 서서 준비한 양심선언문을 피 끓는 목소리로 읽기 시작했다.

…… 대학은 휴강의 노예가 되고, 교수들은 정부의 대변자가 되어가고, 어미 닭을 잃은 병아리마냥 우리들은 반응 없는 울부짖음만 토하고 있다. 우리의 주장이 결코 그릇됨이 아닐진대, 우리의 주장이 결코 비양심이 아닐진대, 우리는 어떻게 더이상 자존을 짓밟혀 불명예스러운 삶을 계속할 것인가. 우리를 대변한 동지들은 차가운 시멘트 바닥 위에 신음하고 있고, 무고한 백성은 형장의 이슬로 사라져가고 있다. 민주주의란 나무는 피를 먹고 살아간다고 한다.

민주주의는 피를 먹고 자란다는 김상진의 목소리는 떨려 나왔을 거야. 이윽고 그가 할 일의 예고와 같은 한마디였기 때문이야. 친구들도 뭔가

박정희 정권의 폭압을 고발한 고 김상진 열사.

이상하다 싶은 느낌에 사로잡혀 김상진을 바라보았겠지. "이것이 영원한 사회정의를 구현하는 길이라면 이 보잘것없는 생명 바치기에 아까움이 없노라." 그 후 김상진은 원고에서 눈을 떼고 사람들을 바라보며 뚝뚝 떨어지는 음성으로 말하기 시작해. "나의 앞으로의 행동에 대해서 여러분은 조금도 동요하지 말고 완전한 이성을 되찾아……우리가 해야 할 바를 명실상부하게……."

김상진을 주시하던 친구들의 눈이 커지고 비명이 튀어나왔어. 김상진이 품 안에서 칼을 꺼냈던 거야. 후배와 함께 시내에 나갔을 때 "아이스크림을 사오너라" 하면서 후배를 따돌리고 샀던 날선 과도였지. "너 지금 뭐 하는 거야!" 곁에 있던 친구들이 구르다시피 김상진을 덮쳤지만 그는 이미 힘껏 자신의 아랫배에 과도를 꽂고 그어 올리고 있었어. 자신을 데리고 병원으로 달음박질치는 친구들에게 김상진은 "애국가를 불러달라"고 부탁했다고 해. 동해물과 백두산은 어찌어찌 나왔지만 눈물은 결코 마르지 않았고 심장은 닳아 없어지고 있었겠지. 통곡 반 노래 반의 애국가를 들으며 김상진은 생애 마지막 하늘을 눈에 담으며 의식을 잃어갔단다. 김상진이 스물다섯의 짧은 생을 끝맺었을 때 박정희 정권은 정상적인 장례조차 허용하지 않았어. 사망한 지 하루도 안 돼서 반강제로 시신을 화장터로 옮겨 화장을 해버렸던 거야.

그해 4월은 정말로 잔인했어. 인혁당 사건, 김상진 사건 등으로 전국이 얼어붙었고 하필이면 4월 30일에는 '자유 우방'으로 한국군이 파견되기도 했던 남베트남이 북베트남의 공격에 무너졌단다. "다음은 우리 차례"라는 공포가 전국을 휩쓴 가운데 유신정권은 5월 13일 긴급조치의 집대성이라 할 긴급조치 9호를 내려 온 나라를 질식시켰어. 유신헌법을 '비방'만 해도 최고 '사형'에 처할 수 있는 극악한 조치였지. 아마 청와대에서는 축배를 들었을 거야. "각하, 이제는 조용할 것입니다."

긴급조치 9호가 살기 어린 칼춤을 추기 시작한 지 고작 9일째인 5월 22일, 서울대학교에서는 대규모 시위가 터져. '오둘둘 시위'라고 불리는 이 시위는 이제는 별 수 없겠지 가슴을 펴던 박정희 정권의 턱에 작렬한 스트레이트였지. "정의는 결코 죽지 않았다." 이 시위를 준비하면서 학생들 사이에서는 작은 논쟁이 있었다고 해. "살인적인 긴급조치가 내려진 마당에 신중을 기해야 한다"는 주장과 "김상진 형이 그렇게 죽었다. 사람이 죽었는데 감옥 가는 게 대수냐"는 주장이 맞선 거지. 당연하게도 후자가 이겼고 오둘둘 시위 속에서 김상진의 이름은 처음으로 역사 속에서 불려진다. "아, 아, 맨땅이 갈라지는 소리가 들려오리라/ 너는 순진한 피 한 방울로 오려마/ 서러운 이야기를 뒤에다 두고/ 그때는 너의 알몸으로 오려마(서울대 영문과 4학년 김정환의 조시 중)." 아마 하늘에서 그 모습을 보며 김상진은 못다 읽은 그 양심선언문의 마지막을 읊으며 함께 달렸을 거야.

"만족스러운 웃음 속에 여러분의 진격을 지켜보리라. 그 위대한 승리가 도래하는 날, 나! 소리 없는 갈채를 만천하에 울리게 보낼 것이다."

14부

전두환이
죽인 사람들

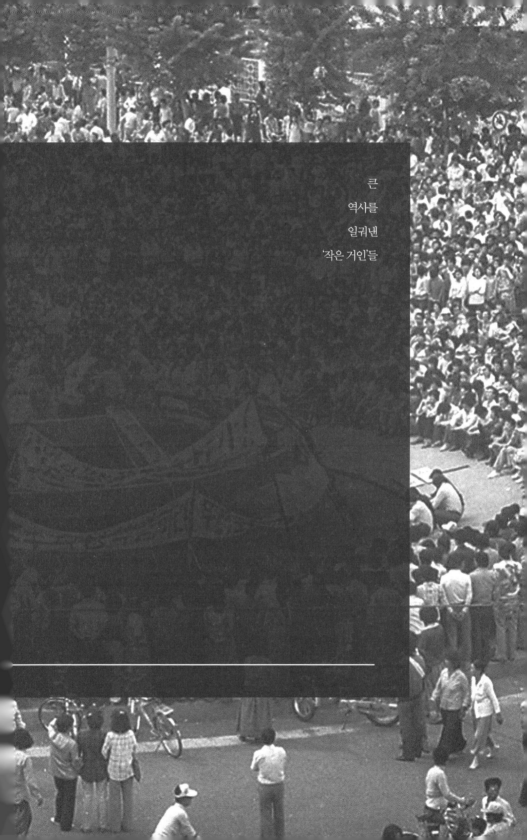

큰
역사를
일궈낸
'작은 거인'들

34

공수부대를 제 물건처럼 돌려쓴 독재자─
공군 수송기 추락 사건

1982년 2월 5일 공수부대원 47명과 공군 장병 6명이 타고 있던
C123이 제주 상공에서 사라졌다. 전두환 전 대통령의 경호를 위해
악천후에 무리하게 투입됐다가 사고를 당했다.
전두환은 유감 표명을 하지 않았다.

전두환이 처음 별을 단 건 1973년이었어. 별을 달았지만 보직은 그대로
였지. 제1공수특전여단장이었어. 그래서일까 공수부대를 무척 신뢰했던
그는 권력을 장악한 후 적이 아닌 자국의 국민을 때려잡기 위한 임무에
공수부대를 투입했지. 자신의 경호에도 공수특전단을 투입하라는 명령
을 내렸어. 오늘은 공수부대원들 가운데 전두환 때문에 목숨을 잃거나 인
생의 대부분을 빼앗겨버린 이들의 이야기를 역시 그들의 목소리에 실어

들려주려고 해.

대통령 경호 작전이 대간첩 특별 동계 훈련으로 조작되다

1982년 2월 5일 출동 명령이 떨어졌소. 전두환 대통령이 2월 6일 제주공항 신활주로 건설 준공식에 참석한다는 거였지요. 온 제주에 비상이 걸리고 제주 지역의 군관민이 총출동해서 쓸고 닦고 장식하고 각을 잡았다오. 대통령 외곽 경호를 담당하던 우리도 하던 대로 장비 챙기고 옷을 다려 입고 검은 베레모 쓰고 C123 수송기에 올라탔소. 그런데 우리는 제주 땅을 밟지 못했지. 당시 제주공항은 악천후 속이었소. 아니 출발지인 성남공항도 마찬가지였지요. 눈이 계속 내려서 성남 서울공항 통제국은 모든 항공기 이륙을 통제했고 제5전술 공수비행단에서도 C123의 이륙이 불가하다는 보고를 두 번씩이나 했다고 합니다. 하지만 아마도 "이륙이 안 된답니다!" 하고 사령관이나 기타 책임자에게 보고했던 장교는, 이런 호령을 들었을 거요. "안 되면 되게 해 이 자식아. 각하가 가신다는데." 작전명 봉황새. 우리는 봉황을 수행하는 뱁새들처럼 눈 내리는 활주로를 날아올랐소.

1982년 2월 5일 제주도 한라산 계곡에
추락한 C123 수송기. ⓒ 서재철

그날 오후 C123은 온데간데없이 사라졌소. 군함들과 비행기들이 바다를 뒤졌지만 잔해는 나타나지 않았지. 다음날, 군은 한 대학 등반대로부터 귀가 번쩍 뜨이는 제보를 듣게 됩니다. "등반 훈련 중인데 모 지점에서 요란한 소리가 났어요." 그 소리 속에는 우리가 세상에서 마지막으로 지르던 비명도 포함돼 있었을 거요.

마침내 2월 6일 오후 4시께 한라산 해발 1,060미터 지점에서 우리가 탄 C123 기체가 발견되었소. 그 안에 타고 있던 공수부대원 47명과 공군 장병 6명은 몰사했습니다. 우리가 목숨 바쳐 지키고자 했던 바로 그 사람, 전두환은 제주를 떠날 무렵에야 분향소에 들렀고 짤막한 한마디를 남겼소. "이번 사건은 조종사 착각으로 일어난 사고다. 인명은 재천인데 어떻게 하겠느냐." 그 말을 들으면서 영혼의 처지로도 벌떡 일어나 그 턱을 걷어차고 싶었지. 최소한 자기 때문에 죽은 사람에게 유감의 뜻이라도 표명해야 하는 것 아니냐 말이오. 거기다가 공군도, 비행단도 무리라는 일을 억지로 하게 한 사람들의 책임은 어디로 가고 '인명은 재천'이라니.

우리도 우리지만, 졸지에 자식과 가장을 잃은 유가족들에게 전두환의 말이 어떻게 들렸을까요. 신체 강건하고 사자도 때려잡을 것 같던 장정들이 왜 그렇게 속절없이 죽어가야 했는지, 누가 "안 되면 되게 하라" 식으로 우리를 몰아붙인 건지 밝혀야 할 거 아니오. 때는 서슬 푸른 5공화국, 정부가 신문의 기사와 방송 뉴스 순서까지 '보도지침'을 내리며 통제하던 시기였지. 수십 명이 죽었지만 언론의 관심은 단신 하나로 끝났소. 우리 사고는 '군사상 기밀'로 취급됐거든.

참사 소식이 알려진 2월 7일, 정확한 상황을 알려주지 않은 채 무작정 "기다리라"고만 하자 일부 유가족들이 부대 상황실 유리창을 깨고 진입했소. 유리창을 깬 이는 세 살과 돌 된 아이의 엄마였지. 남편의 죽음을 밝히는 자료라면 뭐든 손에 쥐고 싶었던 그녀가 피투성이 손으로 움켜쥔 것은 상황일지였소. 거기에는 황망한 기록이 있었지.

사고 다음 날 아침 8시 45분, 그러니까 사고 기체가 발견되기도 전 박희도 공수특전사령관이 해당 부대 대대장에게 이런 명령을 보낸 거요. "훈련명칭 변경—금번 훈련은 특별 동계 훈련으로 호칭하니 전 장병에게 주지시키기 바람." 즉 대통령 경호 작전인 '봉황새 작전'을 대간첩 '특별 동계 훈련'으로 호칭하겠다는 얘기였지. 53명의 대한민국 정예 병사들은 대통령 경호를 위해 출동한 게 아니라 '특별 동계 훈련'을 위해 공군의 반대와 공항의 통제에도 떠났다는 거요. 전두환에 대해 누를 끼치지 않겠다는 '군바리'(그들을 어찌 군인이라 하겠소)들의 농간이었지. 이래 놓고 인명이 재천이라.

그렇게 우리는 죽었소. 창창한 젊음과 희망, 한창 사랑이 꽃피는 아내와 눈에 넣어도 웃음이 나올 아이들을 두고 우리는 '특별 동계 훈련' 중에 온몸이 산산조각 나서 죽었지. 죽음이 흔한 시절이었소. 1980년 광주에서 우리 공수부대원들은 같은 사람의 야욕 때문에 시민들을 죽였고, 또 시민들로부터 죽임을 당하기도 했지요. 그중 죽지는 않았으되 제대로 살지 못했고 살았으되 평생을 절망에 허덕인 우리 동료 얘기를 잠깐 덧대보겠소.

아직도 광주를 앓고 있는 이들

1979년 5월 군 입대를 했다가 3공수여단에 차출된 젊은이가 있었소. 이름은 김동관. 고려대학교 정치외교학과 77학번이었소. 그런데 그는 공수부대원으로서 1980년 5월 광주에 군홧발을 찍게 되지. 그때 공수부대가 광주에서 저지른 만행은 악랄한 쪽으로 대단했지. 김동관은 그 참극 앞에서 정신을 놓아버렸소. 총격전 와중에서도 총을 쏘지 못했을 뿐 아니라 시민들을 사냥하듯 쏴 죽인 하사관들에게 달려들어 주먹다짐도 벌였다고 하더군.

"명령은 데모대 중에서 무장한 경우에만 사격을 하게 돼 있었어. (그런데) 애들, 특전사 요원 애들은 무차별 사격했다고, 무차별로. 내가 그걸 봤어." 눈앞에서 자기 동료들이 사람을 오리처럼 쏘아 죽이는 모습을 보면서, 또 총을 맞았지만 그래도 살아서 심장이 뛰던 시위대를 어떻게 할 수 없어서 전남대 뒷산 나무 아래에 두고 발걸음을 옮기며 그의 정신은 시나브로 망가져 갔지요. 복학을 했지만 자신이 체험했던 지옥을 잊지 못했고 행복하게 살자고 하면 자신의 동료들이 파괴했던 수많은 사람들의 평화와 생명의 기억이 그 발목을 잡아챘지. "서! 그래서 안 서면 그냥 쏴버렸어. 무장을 했건 안 했건. 무서워서 도망가면 그걸 쏴 죽였어. 이 특전사 애들이. 그러니, 무차별 학살이지 무차별 학살……."

그는 술로 세월을 보냈고 술에 취하면 외상 후 스트레스 장애가 도졌지. 불현듯 일상 사이로 끼어드는 지옥의 악몽을 떨쳐내지 못하고 그는 평생 정신병원을 전전해야 했지. "그때 전두환을 죽여야 되고 노태우도 죽여야 되고 (하는) 생각이 들었어. 매일매일 생각하면 술이 안 끊어지는 거야 술이. 슬퍼서 …… 복수를 해야겠다고 불타는 게 아니라 슬퍼서. 그들의 죽음이 슬퍼서."

우리가 대통령 경호하고 다니던 때, 청와대에 살았던 '영애'가 대통령이 돼서 나라 말아먹다가 탄핵돼 쫓겨나고 새로운 대통령이 선출됐다는 소식 여기서도 들었습니다. 그 와중에 우리 공수부대를 제 물건처럼 이리저리 돌려쓰고 제 경호원으로, 시민의 학살자로 만들었던 독재자가 여전히 살아서 활개를 치고 있다는 사실에 또 한 번 치가 떨리게 됩니다. 참 그런 사람이 아직 살아서 "광주사태는 폭동"이라고 뇌까리고 있다는 소식에 그가 우리 분향소에서 했다는 말을 아프게 되씹게 돼요. "그래, 인명은 재천이구나. 참 하늘은 얄궂고 짓궂고 험상궂고 심술궂구나."

또다시 5·18이군요. 정권교체 환호 속에 들뜨더라도 잊지 말아주시오. 정신 없더라도 챙길 건 챙겨주시오.

대학병원에서 치료를 받고 나오는 김동관 씨(오른쪽).
김씨는 1980년 5월 광주에서 공수부대원이었다.
'서! 그래서 안 서면 그냥 쏴버렸어" ⓒMBC화면 갈무리

35

전두환 아저씨 나는 왜 죽었나요? 광주의 아홉 살 소년

전두환 씨는《회고록》에서 5·18 광주민주화운동에 대해
"폭동은 폭동일 뿐"이라고 우겼다.
그가 이끈 '대망의 1980년대'에 무고한 국민들이
어떤 일을 겪었는지 되새길 필요가 있다.

요즘은 초등학교에 학생이 줄어서 걱정이 태산이라지만 아빠 어릴 적엔
정말 '드글드글하게' 아이들이 많았단다. 골목마다 축구하는 어린이들로
넘쳐났고 집집마다 아이들 울음소리 웃음소리가 가실 날이 없었어. 1970
년생 아빠 또래들은 학교에서 오전반 오후반 수업을 나눠서 하는데도 70
명씩 꽉꽉 채워 열서너 개 반이 있었지. 가끔 교무실에 가면 눈매가 날카
롭고 이대팔 가르마를 탄 가무잡잡한 얼굴의 사진 하나가 걸려 있었어.

박정희 대통령이지. 그런데 박 대통령은 1979년, 아빠가 열 살 되던 해 총을 맞고 돌아가서. 아빠는 며칠 뒤 박 대통령 시해 사건을 발표한다면서 등장한 한 장군을 텔레비전 너머로 만나게 돼. 그의 이름은 전두환이었어. 그런데 그해의 크리스마스가 오기 전 아빠는 이웃집 형에게서 이상한 얘기를 듣게 돼. 그 장군 때문에 서울에서 난리가 났다는 거야.

그때 일발 발사하고 캤던 그 대머리 장군 있재? 그 사람하고 친한 장군들이 계엄사령관 정승화를 잡아갔는데 그때 정승화 편하고 그 대머리 장군 편하고 총싸움이 붙어 가지고 쫄다구들 몇 명이 죽었다 카더라.

당시는 비상계엄령 상태였기 때문에 계엄사령관인 육군참모총장 정승화의 이름은 친숙했지만 아직 '전두환'은 낯선 이름이어서 '대머리 장군'이라고 불렸지. 그는 박정희 대통령을 살해한 김재규 중앙정보부장과 정승화 육군참모총장이 관련이 있다며 상관을 체포하는 하극상을 저질렀어. 이걸 12·12군사반란이라 부르는데, 젊은 군인 3명이 죽었어. 반란군에 맞선 정병주 특전사령관을 끝까지 보호하다가 죽어간 김오랑 소령과 전역을 2개월 남긴 최고참이었는데도 반란군에 맞서다가 죽어간 정선엽 병장, 그리고 반란군 측에 동원된 박윤관 상병.

그 죽음들로부터 6개월도 안 돼 전두환 장군은 대한민국에 또 하나의 피바람을 불러와. 1980년 5월의 광주항쟁이야. 네가 태어나기 20년 전에 있었던 일인 만큼 네게 한국전쟁이나 3·1운동 비슷하게 들릴 수 있다는 걸 안다. 하지만 아빠로서는 그 전두환이, 그 피 묻은 손으로 놀랍게도 '회고록'을 써서는 "빼앗은 장갑차를 끌고 와 국군을 죽이고 무기고에서 탈취한 총으로 국군을 사살했다"라며 '폭동은 폭동일 뿐'이라고 우겨대는

데에 이르러서는 참을 수 없는 욕지기에 온몸을 떨게 된다. 오늘부터 네게 전두환 때문에 죽어간 사람들의 이야기를 그들의 입을 빌리는 형식으로 전해주고자 해. 그가 등장했던 '대망의 1980년대' 이후 무고한 한국 사람들이 어떤 일을 겪었고 용감한 이들이 어떻게 죽어갔는가를 다시 한 번 되새겨보길 바라는 뜻이지. 먼저 아빠와 동갑이었던, '드글드글하게' 많았고 '5월은 푸르고 우리들은 자라는' 줄만 알았던 한 어린이의 이야기를 그의 목소리를 빌려 들려주마.

초등학교 4학년 전재수는 이렇게 죽었다

나는 1970년생, 개띠였어요. 가난하지만 단란한 가족들하고 오순도순 살면서 학교에 충실히 다니던 효덕초등학교 4학년생이었지요. 형도 있고 누나도 있고 여동생도 있었지만 학교에서 상 타오는 건 나밖에 없었어요. 아버지는 엄한 분이셨지만 타온 상장을 내놓으면 기분이 좋아지셔서 아이스크림 값도 적잖이 쥐어주시곤 했죠. 그런데 어느 날 아버지가 교통사고를 당하셨어요. 일도 못 나가시고 집에 누워 계셨는데 저랑 여동생이랑 놀다가 좀 다퉜어요. 꼬맹이가 울고 난리를 치니까 아버지가 버럭 하셨지요.

아버지 얼굴을 보니 목침이라도 날아올 것 같더라고요. 아버지는 소작농이었죠. 한창 일할 것 많은 봄에 자리보전하고 계시니 그 속이 얼마나 갑갑하셨겠어요. 냉큼 집을 나섰죠. 잽싸게 고무신부터 챙겼어요. 9일 전이 내 생일이라 어머니가 사주신 신발이었거든요.

그리고 보니 그날은 일요일도 아니었는데 학교에 가지 않았어요. 광주 시내에서 큰 일이 벌어져서 학교를 쉰다고 하셨지요. 그런데 우리 집 앞으로 난 도로에 트럭들이 먼지 무지하게 뿜어내면서 지나갔어요. 거기엔 군인 아저씨들이 많이 타고 있었죠.

우리들에게 장래 희망을 물으면 꽤 많은 애들이 군인 아저씨라고 그랬어요. 그 멋진 군인 아저씨들이 그야말로 트럭 타고 지나가는 걸 보고 어떤 애들은 깡충깡충 뛰며 손을 흔들기도 했어요. 이상한 건 아저씨들이 꼭 우리 아버지처럼 화난 얼굴을 하고 우릴 거들떠도 안 보는 거였지만.

갑자기 탕탕 총소리가 온 마을을 울렸어요. 나중에 알게 된 사실이지만 그건 군인 아저씨들끼리 싸움이 난 거였어요. 트럭에 실려 오던 군인 아저씨들을 적으로 오해한 또 다른 군인 아저씨들이 방아쇠를 당겼고 그러다가 여러 명이 죽어버렸지요. 트럭에 탔던 군인들은 공수부대라고 했고 오해해서 총질한 군인들은 보병학교라는 곳의 군인이라더군요.

그래도 우리는 집에 들어갈 생각을 하지 않고 놀았어요. 트럭에 탄 군인들이 다시 우리 쪽으로 다가서는 것도 전혀 의식하지 못하고 뛰어놀았어요. 그때 군인 아저씨들의 얼굴을 먼발치에서 한 번이라도 봤더라면 눈치 빠른 나는 살았을지도 몰라요. 시퍼런 눈을 하고 이를 득득 갈면서 우리 쪽을 향해 다가오던 그 모습을 한 번만이라도 제대로 봤으면 나는 친

1980년 5월 27일 계엄군이 시민군의 거점이었던
광주 금남로 전남도청을 다시 장악했다.

구들에게 "튀자!" 외치고 내가 먼저 달음박질쳤을 거예요. 하지만 그러지 못했죠.

드르륵 뭔가 기분 나쁜 소리가 귓전을 때렸어요. 학교 운동장 끝에서 끝까지의 반도 안 되는 거리에서 군인들이 우리에게 총을 겨누고 있었죠. 워매 우리를 쏜다! 아이들은 걸음아 날 살려라 뛰기 시작했죠. 그런데 내가 운이 없었어요. 고무신이 벗겨진 거죠. 맨발이라도 뛰었으면 살았을 텐데 그만 고무신을 줍겠다고 멈춰 서고 말았어요. 그리고 내 몸에는 "들어가는 구멍은 볼펜 구멍만 한데 나올 때 구멍은 접시만 해진다"는 그 무서운 M16 총탄이 열 발 가까이 틀어박히고 말았어요. 열한 살, 내 이름 전재수는 그렇게 너덜너덜한 시체가 되고 말았어요.

왜 쏘았냐고 묻고 싶지는 않아요. 이제 와서 이유를 따져봐야 뭘 하겠어요. 하지만 지금까지도 묻고 싶은 질문 하나는 있어요. 그때 날 죽인 아저씨들은 내가 뭐로 보였을까요. 열한 살이었던 제 가슴에 십자 조준을 맞추면서 그 아저씨들은 날 뭐로 봤을까요. 내가 커 보였을까요. 어른으로 보였을까요. 전두환 아저씨(내가 살았을 때 당신은 아저씨 나이였으니까), 당신 눈에는 내가 폭도로 보였나요? 아군끼리 치고받은 화풀이로 몇 마리 죽여도 되는 오리로 보였나요? 내가 들고 있던 고무신을 보면서 엄마는 정신을 잃었어요. 아버지는 자기가 나가라고만 하지 않으면 죽지 않았을 거라며 울었죠. 아버지는 술이라도 마셨지만 엄마는 아무 일도 하지 못하고 그만 4년 만에 화병으로 내 곁에 오셨어요. 그때 날 죽인 군인 아저씨들은 우리 엄마도 함께 죽인 셈이죠.

1980년 5월 24일 만 열 살 하고 9일을 더 산 광주 효덕초등학교 4학년생 전재수는 그렇게 죽었어요. 그런데 대머리 장군. 대한민국 군인더러 대한민국 국민 머리를 수박처럼 깨고 대검으로 찌르고 군홧발로 뭉개라고 명령했고, 그 "사기를 살려주라"고 했던, 세상에 자기 나라 국민에게 헬기에서 기관총까지 쏘는 참극을 연출했던 대머리 아저씨는 아직도 살아있네요. 나라에서 돈 대서 경호해주고 있네요. 나라에 바칠 돈은 수백억 원인데 29만 원밖에 없다고 하네요. 그래도 고향을 방문하면 어떤 사람들은 그 앞에서 큰절도 올렸다지요. 다시 아저씨에게 물을 게요. 아저씨 나는 왜 죽었나요. 그리고 더 궁금한 것 하나. 아저씨는 왜 아직도 죽지 않고 살아있나요? 왜 호의호식하며 잘살고 있는 건가요.

36

자유를 위해 인생을 건 조정식을 기억하라

밥 먹기 전 팔을 뻗어 주먹을 쥐면서
고 조정식 씨는 무슨 생각을 했을까.
그는 노동운동 현장에서 산업재해로 스물다섯 해의 짧은 삶을 마감했다.
'배후'에는 전두환의 폭정이 있었다.

10여 년 전 아빠는 어떤 사건을 취재하던 중에 퇴직을 앞둔 보안과 형사와 온종일 함께 돌아다닌 적이 있어. 보안과라는 건 대공對共, 즉 국내에 암약하는 북한 간첩망을 적발하거나 관련 정보를 수집하는 업무를 맡은 부서였지만, 실제로는 북한과 관련이 있건 없건 반정부 인사들을 사찰하고 경우에 따라 잡아 족치는 일을 업으로 삼았단다. 고문 기술자로 유명한 이근안을 비롯해서 여러 악명 높은 이름이 '보안과' 형사들이었지.

처음에는 꺼림칙했지만 아빠가 만난 보안과 형사는 전혀 그런 이미지가 아니었고 오히려 진솔한 회고담을 들려주었어. 체포하거나 취조해본 사람 가운데 누가 가장 기억에 남느냐는 질문을 던졌을 때 그는 서울대 82학번 조 아무개 학생을 들었지. 이름은 기억이 안 난다고 했는데 사연을 맞춰보고 이리저리 알아보니 그 형사의 기억 속 학생이 조정식이라는 이와 맞아떨어진다는 알게 됐어. 오늘은 아빠가 만난 보안과 형사 기억 속의 조정식에다 그 뒤 아빠가 접하게 된 조정식의 사연을 덧붙여서 늙은 보안과 형사의 목소리에 실어보고자 해.

"저는 못난 아들입니다"

서울대학교 물리학과 82학번이었어. 난 법대생으로 알았는데 물리학과라더군. 나랑 인연이 된 계기는 1985년의 '반제동맹' 사건이었어. 서울대 제적·휴학생들을 중심으로 노동 현장에 침투해 활동하면서 노동운동 관련 제적 학생들을 규합, 5월 말경부터 북괴의 주체사상을 지도이념으로

고 조정식 씨가 민주화운동에 뛰어든 배경에는
'1980년 광주'가 있었다.

한 '반제동맹당'을 결성(《동아일보》1986년 11월 12일)한 사건이지. 정식이도 그때 체포됐어. 경기도경으로 끌려왔는데 무지 고생을 했을 거야. 그때도 그 유명한 이근안이 붙어서 험하게 다뤘거든.

조사하다가 밥을 주는데, 왜 그 천주교인들이 성호를 긋잖아? 그런데 걔는 구호 외칠 때 팔 뻗는 거, 그 동작으로 세 번 힘 있게 내지른 뒤에 밥을 먹더라고. 내가 데리고 있었던 내내 그랬어. 구호를 외치는 것도 아니야. 그냥 척 척 척 세 번 딱 하고 밥을 먹어. 뭐라고 해야 하나. 누구 보라는 시위는 아니었고 자기 자신한테 하는 다짐 같은 느낌이랄까.

그런데 참 말이 없는 놈이었어. 주변을 조사해보니 뭐 의식화 같은 작업을 활발하게 하지는 못했다더군. 그렇게 수줍어하는 성품이대. 위장취업을 해서 근로자들을 선동하는 것도 좀 붙임성이 있고 능청을 떨 구변은 돼야 하는 거 아닌가 말이야.

잡혀온 놈들 중에 말 잘하는 놈 참 많았거든. 하지만 걔는 진짜 말 한마디 안 했어. 취조할 때도 고개를 젓거나 끄덕이거나 그게 다였어. 하지만 그런 느낌 있잖아. 아 이놈은 진짜 만만찮은 놈이구나. 겁도 안 먹을 것 같고, 눈치도 안 볼 것 같은 놈. 밥 먹으면서 걔가 무슨 생각을 하면서 팔을 뻗었는지 모르겠지만 나중에는 그 샌님이 무섭게 느껴지더라고. 좀 말을 시켜도 한마디도 안 해. 마치 벙어리처럼. 그런데 놀라운 일은 그 과묵한 녀석이 시위 현장에서 유인물을 나눠주다가 경찰에 걸린 적이 있었는데 도망치기는커녕 쩌렁쩌렁 연설을 해서 주변 시민들이 들고일어나게 만든 적도 있었다는 거야.

평생 막노동하며 식구를 부양했던 아버지를 존경하고 가족들에게도 끔찍한 순둥이였대. 걔가 아버지에게 보낸 편지 중 일부야. "아무리 되돌아보아도 저는 아직 아버님께 못난 아들입니다. 집안의 장남이면서도 아버님을 그 머나먼 땅에서 고생하시도록 만들고 가족들에게 본의 아니지만 온갖 슬픔과 고통을 주었던 점에서 저는 못난 아들입니다. ……그렇지만 저는 불의에 굽히지 않고 끝까지 싸우겠습니다. 그 어떤 시련과 난관에 부딪히더라도 도탄에 빠진 이 나라, 이 민족을 구하기 위해 굽히지 않고 살아가겠습니다(《서울대저널》132호)."

　형을 살고 나왔다든가 집행유예로 나왔다든가 정식이가 학교로 돌아가지 않고 또 다른 공장에 갔다는 정보는 듣고 있었어. 그런데 어느 날 딱 부평역 앞에서 정식이하고 마주친 거야. 덥석 팔을 붙잡았지. 체포한 거냐고? 아니, 훈계, 아니 하소연을 했어. 그 가난한 노동자 아버지가 장남이 서울대 간다고 했을 때 얼마나 좋아했겠어? 잔치를 해도 2박3일 할 일이지. 그런 애를 내 손으로 잡아넣었는데 겨우 출옥해서는 학교로 안 돌아가고 또 다른 공장에 갔다니 내 가슴이 다 아프더라고. 나중에는 빌다시피 했어. 너 잘된 뒤에 하고 싶은 일 하고 지금은 제발 학교로 돌아가라고.

　그런데 애가 참 착한 게 나한테 대들지도 않고 묵묵히 그 말을 들어줬어. 자기 잡은 형사한테 욕이나 하고 갈 수도 있었을 텐데 말라비틀어진 손목에 꾀죄죄한 물색에 얼굴은 반쪽이 되어서는 끄덕끄덕 들어주더라고. 안녕히 가시라고 인사까지 하는데 참 가슴이 아팠어. 마치 내가 자기 삼촌이라도 되는 것처럼.

"순둥이 정식이를 투사로 만든 이유는 뭐였을까?"

그때로부터 한 몇 달이 지났나. 누군가 조정식이 얘기를 전해주더군. '반제동맹 사건 조정식 알지?' 하면서. 아 글쎄 죽었다는 거야. 서울 성동구의 한 공장에서 일하고 있었는데 선반 작업 도중에 기계 균형 맞추려 고

정시켜놨던 추가 별안간 튕겨 나와서 뒷머리를 때려버렸다는 거야. 병원에 도착하기도 전에 죽었대. 1964년생이니까 그때 만으로 스물다섯 정도나 됐나.

밥 먹기 전에 팔을 뻗어 주먹을 쥐면서 녀석은 무슨 생각을 했을까. 부평역 앞에서 '짭새'(걔들은 우리를 그렇게 불렀지) 아저씨 훈계를 들어주면서는 또 어떤 심경이었을까. 그 순둥이가 왜 그런 열렬한 투사가 돼서 내 손에 잡히고 이근안한테 물고문, 전기고문을 당해야 했을까. 왜 그냥 보기만 해도 찬란한 젊은 나이, 가족 생각을 그리도 끔찍이 하던 순둥이 정식이를 투사로 만든 이유는 뭐였을까. 잡다한 이유도, 다양한 배경도 많겠지만 그건 다름 아닌 전두환이었어.

정식이는 대구 출신으로 1980년 광주에 대해서는 까맣게 몰랐지. 대학 와서 광주 친구들의 이야기를 들으며, 또 몰래 몰래 전해진 광주 관련 기록들을 보면서 소스라치고 치를 떨며 분노하고 땅을 치고 통곡했던 거야. 어디 걔뿐이겠어. 당시 운동에 뛰어든 학생들의 출발은 거의 모두가 광주에 대한 부채의식이었어. 물론 비슷한 또래면서도 광주가 뭐냐 하고 공부만 파던 우병우 같은 사람도 있었겠지만 말이야.

아, 또 기억나는 게 있다. 정식이가 나직하게 읊조리던 노래야. 유치장에 앉아서 부르는데 투쟁가 그런 건 아니었고 찬송가 분위기의 운동권 노래였지. 〈이 세상 사는 동안〉이라고 했어. 가사를 검색하면 나올 거야. "이 세상 사는 동안 내 흘릴 눈물들 이 생명 다한 후에 다 씻어지리니 참된 삶 사는 동안 지쳐 쓰러져도 그보다 더 귀한 건 생명을 봄이라. 너와 나 함께 손을 잡고 이 길을 걸으며 죽어도 뺏지 못할 자유를 되찾자."

보안과 형사로서 걔들한테 나는 독재의 주구 이상은 아니었겠지. 나도 걔들을 이 사회가 용납 못할 적이라고 생각했고 말이야. 하지만 '죽어도 빼앗지 못할 자유를 되찾기 위해' 정직하고 온전하게 자기 인생을 걸었던 젊은이들에게는 지금이라도 경의를 표하고 싶어. 생각하면 할수록 목이 메고 가슴이 떨려. 그 눈물 나게 푸르른 젊음들이 단 한 사람 때문에 뒤틀려버린 걸 생각하면 욕지거리가 솟아나기도 하지.

누군 누구겠어. 전두환이지. 최소한 그 인간은 그러면 안 되는 거 아닌가. 회고록이니 뭐니 하면서 죽어간 사람들 영혼에까지 구정물을 튀기면 안 되는 거 아닌가. 얼마나 많은 사람들이 참된 삶을 살려다가 지쳐 쓰러져갔는데.

37
스스로를 바쳐 광주의 죽음 알린 청년 김종태

방위병으로 복무 중이던 김종태 씨는
1980년 광주의 진실을 알기 위해 직접 광주에 내려갔다.
서울로 돌아온 후 그는 자신이 보고 들은 것을
유인물로 만들어 거리에 뿌렸다.

1980년 당시 광주는 철저하게 고립돼 있었어. 광주에서는 하늘이 무너졌지만 광주 밖 국민들은 아무도 몰랐단다. 그때는 인터넷도 SNS도 없었고, 신문과 방송도 군사정권이 통제했지. 오늘 네게 전해줄 편지는 아무것도 모르고 일상을 누리던 국민에게 광주를 대신해 광주의 상처와 비명을 전달하려 애쓰다 죽어간 이의 목소리야.

내 이름은 김종태라고 합니다. 내 어린 시절은 그다지 행복하지 못했습니다. 집이 워낙 가난해서 학교를 그만두고 열서너 살에 공장 문을 두드려야 했으니까요. 학교는 초저녁에 포기했어도 공부까지 손 놓고 싶지는 않았어요. 그래서 야학에 들어갔지요. 거기서 학교에서 못다 한 공부도 하고, 의롭지 못한 세상의 이치도 알았고, 어떤 삶을 살아야 하는가에 대해 어렴풋한 윤곽을 그려내기 시작했죠.

   1980년 당시 나는 방위병이었어요. 6월 16일 제대였으니까 그해 광주에서 피바람이 일던 무렵이라면 방위병 말년의 여유를 즐기며 주변 친구들과 함께 조직한 '조나단 독서회'에서 이런저런 책을 읽고 있었을 겁니다. 군 제대 후 성인으로서 가정도 꾸리고 어머니도 편하게 모실 궁리도 했지요. 그러던 어느 날, 나는 천둥 같은 소식을 듣습니다. 천둥의 진원지는 다니던 교회에 찾아온 한 낯선 사람의 강연이었어요.

   그는 며칠 전 광주에서 무슨 일이 있었는지 얘기해주었지요. 대한민국 군인이 곤봉으로 수박처럼 사람의 머리를 터뜨리고 대검으로 찌르고 총

4월 20일 광주민주화운동 단체 관계자들이
서울 연희동 전두환 씨 자택을 항의 방문해
'전두환 회고록' 폐기를 촉구하고 있다.

을 쏘아 죽였다? 정확한 숫자도 모를 사람들이 스러져갔고 아이들까지 희생됐다? 군인 신분이던 나는 울컥했습니다. "거짓말하지 마시오!" 딱히 그 증언자를 불신했다기보다는, 내가 투철한 군인이었다기보다는 진심으로 그의 말이 거짓말이기를 바라는 마음이었을 겁니다. "다 날조된 증언이오. 어떻게 이런 선동을 하고 다니는 거요?" 그러는 내게 증언자는 울부짖듯 소리쳤지요. "광주에 내려가 보시오. 병원마다 죽은 사람, 다친 사람이 가득할 거요. 가보시오."

그러는 와중에 또 한 소식을 듣게 되죠. 내가 교회에서 광주 관련 증언의 번갯불에 온몸이 관통당하기 하루 전날, 5월 30일 김의기라는 서강대 학생이 서울 종로 기독교회관에서 투신했다는 거였어요. 그는 광주의 비극을 알리는 유인물을 뿌리다가 계엄군이 들이닥치자 그대로 6층에서 몸을 던졌다고 했지요. 누군가 전해주는 그 유인물 내용 한 자 한 자가 귀에 박힙니다. "피를 부르는 미친 군홧발 소리가 고요히 잠들려는 우리의 안방까지 스며들어 우리의 가슴팍과 머리를 짓이겨 놓으려고 하는 지금, 동포여, 무엇을 하고 있는가?" 그래도 믿어지지 않았어요. 결국 제대를 보름여 남긴 방위병, 부산에서 태어나 서울과 성남에서만 살았던 나는 어렴풋한 이름으로만 들었던 광주, 빛고을에 내려가게 됩니다.

기차 안에서 "그럴 리가 없어"라고 얼마나 중얼거렸는지 모릅니다. 그럴수록 머릿속은 더 헝클어졌지요. 그럴 리 없어, 그러지 않아야 해. 만약 그랬다면? 나는 어떻게 해야 하는 거야? 어떻게 그런 일이 있을 수 있었지? 꼬리에 꼬리를 물던 어지러움은 광주에 발을 딛는 순간 끝장나고 말았습니다. 전두환이라는 괴물이 짓뭉개버린 광주 곳곳에서는 가시지 않은 피비린내가 났고 오가는 사람들의 가슴에 뚫린 커다란 구멍은 옷에 가려져도 훤히 보였습니다. 대충 땅을 파고 덮어버려 관 속에서 손이라도 튀어나올 듯 엉성했던 망월동 묘지를 먼발치에서 바라보면서 얼마나 울었는지 모릅니다.

내가 만든 독서회 이름의 주인공인 성경 속 '조나단(요나단)'의 죽음을 슬퍼하며 다윗은 이렇게 노래했다던가요. "내 형 요나단, 형 생각에 나는 가슴이 미어지오.……아, 용사들은 쓰러지고, 무기는 사라졌구나"(사무엘하 1장). 그 구절을 되뇌며 목소리가 나오지 않을 만큼 흐느꼈습니다. "여러분은 쓰러졌는데 나는 무얼 해야 합니까." 그때 머릿속에서 종소리처럼 울리는 한마디가 있었습니다. '알려야 한다.' 내가 강연자를 믿지 못했듯 서울 사람들은 이 사실을 꿈에도 모른다. 가서 전하자. 내 눈에 문신처럼 새겨지고 귀에 대못으로 꽂힌 참극을 생생하게 전하자.

서울에 돌아온 나는 와들와들 떨리는 팔다리를 겨우 가누며 유인물을 만들어 뿌렸습니다. 한 명이라도 더 보게 하기 위해 종로나 신촌 등 사람들이 많은 곳을 찾아서 흩날려봤지만 사람들은 별 관심이 없었고 신문에는 한 줄도 나지 않았습니다. 되레 머지않아 미스유니버스대회가 열린다는 소식만 요란했지요. 수백 명이 살해된 마당에 세계 미녀들을 모아놓고 축제를 열다니, 유인물을 뿌리고 돌아가던 버스 안에서 나는 신문을 갈기갈기 찢으며 분노했습니다.

고 김종태 씨는 1980년 광주민주화운동 당시
방위병으로 복무 중이었다.

1980년 6월 9일 저는 여느 날처럼 밤새 쓰고 타이프를 치고 등사기를 밀어 작성한 유인물을 들고 길을 나섰습니다. 이번 유인물은 특별했습니다. 특히 그 마지막 구절에서는요. 글자 하나 쓰면 누군가의 얼굴이 떠올랐고 마침표 하나 찍으면 앞으로 하고픈 일, 해야 할 일들이 시나브로 번져왔으니까요. "내 작은 몸뚱이를 불싸질러 광주 시민, 학생들의 의로운 넋을 위로해드리고 싶습니다. 아무 대가 없이 이 민족을 위해 몸을 던진다는 생각을 해보지 않았습니다. 너무 과분한, 너무 거룩한 말이기에 가까이 할 수도 없지만 도저히 이 의분을 진정할 힘이 없어서 몸을 던집니다."

유인물을 신촌 네거리에서 대놓고 뿌리자 거리에 서 있던 경찰들이 달려들었고 나는 가지고 있던 기름을 온몸에 뿌리고 불을 댕겼습니다. 사람들이 비명을 지르며 나를 쳐다보았지요. 타들어가는 목청을 쥐어짜 구호를 외쳤습니다. 제발 이걸 읽으라고, 광주의 비극을 마주하라고 악쓰고 싶었지만 불길 앞에서 사람의 육신은 약하게 바스러지더군요. 그렇게 나는 죽었습니다.

광주항쟁을 두고 전라도 사람들이 무기 들고 나대다가 일어난 것 아니냐는 사람도 일부 있다고 들었습니다. 저는 이분들에게 제가 이승에서 배웠던 모든 욕을 다 쏟아붓고 싶습니다. 이것들 보시라고요. 나는 부산 출신이고, 나보다 먼저 광주를 고발하며 투신했던 김의기는 경북 영주 출신이었단 말입니다. 광주는 지역의 문제가 아니라 인간의 문제, 인간과 비인간의 문제였단 말입니다. 하물며 내가 죽어가면서도 잊지 못했던 전두환은 회고록에서 이랬다지요. "광주에서 양민에 대한 국군의 의도적이고 무차별적인 살상 행위는 일어나지 않았다."

어떻게 그가 그런 말을 할 수 있습니까. 그의 야욕 때문에 죽어간 수백 광주 영령과 그 참극 앞에서 살아갈 자신을 잃어버리고 우리들의 미래를 던져 세상 사람 한 명에게라도 더 알리기 위해 죽어간 김의기 그리고 내 영혼 앞에서 어찌 그리 뻔뻔할 수 있단 말인가요. 세상이 왜 이렇게 된 겁니까. 도대체 나는 무엇 때문에 죽어갔던 겁니까. 내 죽음은 이제 아무도 기억해주지 않는 겁니까. 깨문 입술에서 피가 나도록 서글프지만 원망하지는 않겠습니다. 후회하지도 않겠습니다. 저는 그렇게라도 알리고 싶었으니까요. 내 가슴속 비밀을 그렇게라도 풀지 않았다면 제풀에 속이 터져버렸을지도 모르니까요.

15부

철도와
한국인

큰
역사를
일궈낸
'작은 거인'들

38

경인선—첫 철도와 인천의 오뚜기 김정곤

조선 철도 부설권을 따낸 건 미국인 모스였지만,
그는 곧 이 권리를 일본에 팔아버린다.
조선인들은 외국인들의 약삭빠른 철도 놀음에 구경꾼 반열에도 오르지 못했다.
봉건권력이 근대의 쓴맛을 본 순간이었다.

1889년 미국 공사로 파견됐다가 돌아온 이하영이 고종에게 장난감 기차
를 바쳤어. 호기심 충만한 임금은 태엽 장치를 동력으로 하여 쇠줄로 된
궤도를 달리는 장난감 기차에 마음을 빼앗겨버렸지. "오호 신기하도다."
실제로 철도를 놓는 일에 관심을 보였던 건 외국인들이었어. 미국은 서울
의 관문인 인천과 서울을 잇는 경인선 부설에 욕심을 냈고, 조선에 눈독
을 들이던 일본인들 역시 호시탐탐 철도 건설을 계획했으니까.

1893년 일본인들은 경부선 철도 노선 측량에 나섰어. 이런 맹랑한 거짓말을 하면서 말이야. "학술적인 일로 조선의 새를 연구하는 것이다. 새 중에서 몇 종을 포획하여 미국의 스미스소니언 박물관에 기증하여 조선의 새를 조류 연구자들과 전 세계 사람들에게 알리는 일이다. 이를 위하여 총을 사용하게 되는데, 조선 사람들이 다칠까 봐 접근을 못 하도록 줄을 치는 것이다《프레시안》, 〈달리는 철도에서 본 세계〉 34)."

그러나 조선 정부에서 조선 철도 부설 허락을 처음 따낸 건 미국인 사업가 J. R. 모스였다. 모스는 철도 부설권을 획득할 경우, 왕실에 10만 달러, 그리고 관계 대신들에게 5만 달러를 상납하겠다며 유혹하기도 했다는구나(조성면, 《철도와 문학》). 이 수완 좋은 사업가는 고종의 환심을 사서 통정대부通政大夫라는 벼슬을 얻기도 했고, 우리말에 '노다지'라는 단어를 낳았던(금맥이 발견되면 서양인들이 "No touch!"를 부르짖었기에) 평북 운산금광 개발권을 따내기도 했어.

"기차야 기다려라" 외친 학부대신 신기선

1896년 3월 모스는 경인선 부설권을 획득했고 철도 공사에 들어간단다. 모스는 곧 철도 부설권을 일본에 팔아버려. 일본의 방해 공작으로 어쩔 수 없이 팔았다는 사람도 있고, 모스가 한껏 폼을 잡아 경인철도를 탐냈던 일본으로 하여금 애가 타게 만든 뒤 비싼 값에 팔아먹고 튀었다는 주장도 있단다. 어느 쪽이 사실이든 기억해야 할 것은 조선인들은 이 외국인들의 약삭빠른 철도 놀음의 구경꾼 반열에도 오르지 못하고 있었다는 거겠지.

1898년 5월 공사 중이던 경인철도의 권리는 170만 2,452원 75전, 당시

100만 달러에 일본으로 넘어갔고 "철강 1,200여 톤, 벽돌 120만 장, 석재 5만 개, 시멘트 5,000통, 받침목 3,000개, 기타 목재 6,000재材"를 쏟아부은 후 1899년 9월 18일 마침내 개통식을 열어《한국철도 100년사》). 한강철교가 채 지어지지 않아 아직 진정한 '서울'에는 이르지 못하고 있었지만 어쨌건 거창한 개통식이 열리지. 경인철도합자회사 사장이었던 시부자와 에이치는 낭랑한 일본어로 이렇게 연설한다. "철도는 황야를 개척하고 물산을 증식하고 공예를 일으키고 상업을 통하게 하고 국가를 부강하게 한다. 대한국과 같이 대륙의 일단을 점하여 해양에 돌출하고 토양이 기름지고 바다와 육지의 천연자원이 풍부한 나라에서야 더 말할 나위가 없다(정재정, 〈일본의 대한침략정책과 경인철도 부설권의 획득〉)."

이 개통식에는 대한제국의 학부대신 신기선도 참석했어. 신기선은 구한말의 어지러운 조정에서 그나마 괜찮았던 신하로서 매관매직에 여념이 없던 고종에게 "만약 뇌물을 근절하지 못하실 경우, 간신히 붙어 있는 나라의 명맥은 당장 끊기고 말 것입니다"라고 눈물로 호소한 적이 있는 사람이야. 경인선 개통식의 귀빈으로 초대된 이 신기선이 기차의 발차를 앞두고 갑자기 사라졌어. 화장실에 간 것이지. 이미 기차는 경적을 울리고 있었단다. 신기선의 부하가 겨우 그를 찾아내 어서 나오라고 채근하자 신기선은 벼락같이 호통을 쳤어. "내가 아직 다 일을 안 보았으니 기다리라고 일러라." 부하는 애가 탔지. "대감마님. 화통(기차)이란 시간을 늦출수가 없다고 합니다." "잔말 말고 기다리라고 해라." 이러는 사이 기차는 떠났고 대한제국 학부대신은 역사적 현장을 놓치고 말았단다《경향신문》1973년 3월 19일 자). "이리 오너라" 하면 누군가 달려오고 "기다리거라" 하면 사람을 못 박혀 세워둘 수 있었던 봉건의 권력은 그렇게 근대의 '쓴맛'을 보았단다. 이 근대의 쓴맛을 경험하게 되는 사람들은 신기선 이외에도 무지하게 많았다.

　오늘날 서울 오류동은 인천에서 한양에 이르는 길의 중간쯤에 위치했는데, 그러다 보니 사람들의 발길이 잦았고 국영 숙박시설이라 할 원院을 비롯해 사람들이 먹고 잘 수 있는 주막거리가 형성돼 있었어. 넉살 좋은 여자를 두고 "오류동 주모냐?"라는 말이 쓰일 정도였다지. 경인철도 개통 후 여행객이 급감하면서 주막거리가 직격탄을 맞았어. 손님 끊긴 주모들이 악에 받쳐 있는데 인근 오류역에서는 기생들을 동원한 호객呼客 잔치가 벌어졌다. 마침내 주모들의 분노가 폭발했어. 잔치판에 뛰어들어 기생들 머리채를 휘어잡고 일대 난투극을 벌였지. 또 서울 장안에서는 짚신장수의 하늘이 무너졌어. 철길 때문에 장사 다 해먹었다 하여 짚신을 정거장 문전에 쌓아놓고 불태우며 "아이고 아이고" 통곡 데모를 했다고 하니까. 또 육로에 비해 발달했던 해운 교통, 즉 한강을 이용해서 인천과 강화로 이어지던 뱃길이 쇠퇴하면서 뱃사공들이 직업을 잃었고, 전국을 누비던 보부상들도 그 기세를 잃어갔단다.

경인철도가
개통될 당시 운행됐던 기관차.

1899년 9월 18일 인천에서 노량진까지
이어지는 경인철도 개통식이 열렸다.
ⓒ 의왕시철도박물관

삼 줄기로 꼰 신발 팔아 돈방석에 앉다

낡은 하늘이 무너져도 그 사이의 구멍을 용케 찾아 솟아오르는 사람들도 있는 법이지. 경인철도가 한창 지어지던 무렵 인천 제물포 부두에는 하역 일꾼 수천 명이 들끓었는데 김정곤은 대단한 배짱과 용력으로 그들 사이의 우두머리가 됐어. 어느 날 그는 경인철도를 놓는 노동자들의 신발을 유심히 보게 돼. 중노동을 끝내면 그들의 짚신은 금세 너덜너덜해졌지. 무릎을 친 김정곤은 서울 종로 신발가게로 달려갔단다. "삼 줄기로 꼰 신을 하루 300켤레씩 주문하기에 이르렀다. 질기고 간편한 삼신에 매료된 일꾼들의 매입으로 삽시간에 날개 돋친 듯이 팔려나갔다(《경남도민일보》 2004년 7월 23일)." 경인철도가 제 모습을 갖춰가는 것과 동시에 김정곤은 그야말로 돈방석에 앉게 됐어.

한국 철도의 역사는 슬프고 답답하게 시작했다. 하지만 암울함 속에서 새 빛은 움트는 법이고 앞이 어두워 나뒹구는 비명들 사이에서도 새 길을 찾은 이들의 새된 목소리는 끊이지 않는 법이야. "기차야 기다려라"고 부르짖은 신기선의 목소리는 잦아들었지만, 물정을 읽고 갈 길을 찾은 김정곤의 발걸음은 얼마나 가벼웠겠니. 이제 남북을 잇는 철도가 만져질 듯 우리 앞에 왔구나. 경인철도 개통만큼이나 파장이 큰 변화를 우리는 어떻게 감당해야 할까. 오늘부터 아빠가 들려줄 '철도와 한국인' 이야기를 들으며 한번 생각해보았으면 좋겠다.

39

경부선—아동문학가 이원수와 최순애 부부

대륙으로 진출하려는
야욕을 지닌 일본은 경부선 철도를 건설해야 했다.
그들은 한국인을 강제로 징발해 공사했다.
철도가 놓이는 땅은 사실상 공짜로 수용하다시피 했다.

1899년 경인선이 준공됐어. 일본이 만든 것이라면 무엇이든 곱게 보지 않았던 대한제국 사람들은 철도를 그리 즐겨 이용하지 않았고 경인선 철도 회사는 만성적자에 시달렸다고 해. 어차피 돈을 벌자고 벌인 일은 아니었어. 일본인들은 고작 32킬로미터의 경인선 철도와는 차원이 다른 철도 노선을 일찌감치 구상하고 있었단다.

한국 사람들이나 한국 정부가 근대화의 상징인 철도에 생각이 미치지 못한 것은 아니었지만 자본과 기술이 터없이 모자랐고 자주적으로 밀어붙일 힘도 부족했지. 일본은 이 지점을 빈틈없이 파고들었고, 대륙으로 진출하려는 욕심을 숨기지 않던 일본에 한국 철도는 최우선으로 장악해야 할 대목이었어. "철도 사업은 조선 경영의 골자라고 할 수 있는 것이기에 다음과 같은 순서를 따라 실행하는 것이 필요하다. 첫째 경부철도, 둘째 경의(서울—의주)철도, 셋째 경원(서울—원산)에서 웅기만(함경북도)에 이르는 철도(국사편찬위원회, 《근현대 과학기술과 삶의 변화》)."

철로를 건설하는 것은 일본이었으나 거기에 동원된 이들은 일본인이 아니었어. 그들은 한국인을 강제로 징발해 공사에 나서게 했다. "1904년 7월 시흥군에 철도 역부 8,000명을 동원하라는 관찰사의 명령이 내려왔다.……7월 9일 시흥군청에는 도민 수천 명이 운집하여 명령을 거두라고 요구했다. 군중의 기세는 흉흉했다. 이 기세에 놀란 시흥군수는 관찰사에게 달려가 동원 숫자를 줄여달라고 청하여 3,000명을 할당받았다. 군수는 각 동(부락 단위의 작은 마을)마다 역부 10인씩 차출하라는 명을 내렸다(이수광, 《경부선》)."

경부선 기공식 모습. 경부선 철도는
1904년 12월 27일 완성되었다. ⓒ 한국학중앙연구원

또 철도가 놓이는 땅은 그야말로 공짜에 가깝게 수용해버렸지. 이런 노래가 나돌 정도로 말이야. "산 뚫고 1,000여 리에 지반가地盤價 누가 받았나. 군표(어음) 제조비는 500냥 들었다네, 500냥 자본으로 경부철도 놓았다네."

온갖 우여곡절 끝에 경부철도가 완성된 것은 1904년 12월 27일, 본격적인 영업은 1905년 1월 1일에 개시됐어. 총연장 441.7킬로미터. 부산과 대구, 구미를 거쳐 추풍령을 넘어 오늘날의 대전과 천안, 수원을 거쳐 서울로 올라가는 경부선이 한반도를 종단하기 시작한 거야.

이 경부선으로 여러 도시의 운명이 갈렸지. 그 가운데 가장 큰 '행운'을 얻은 도시라면 역시 대전大田일 거야. 도시는커녕 마을조차 제대로 없던 지역이 별안간 한국의 대표적인 대도시 가운데 하나로 성장하게 돼. 대전이라는 지명은 원래 있지도 않았어. 대전 부근에 있는 회덕IC로 그 이름이 남아 있는 회덕현縣 대전리里 또는 대전천川 일대의 허허벌판일 따름이었지. 경부선 철도역이 들어서면서 대전이라는 신도시의 역사가 출발을 알리는 기적을 울리게 된 거야.

이원수와 최순애의 애끊는 '경부선 연애'

이후 경부선은 눈물과 환호를 뒤로한 채 역사적 인물과 사연을 싣고서 가난과 전쟁을 뚫고 한반도를 종단하게 됐단다. 신학문을 배우기 위해 부산항에서 관부연락선을 기다리는 청년들이 청운의 꿈을 안고 올라탄 열차였고, 경남 밀양 출신인 김원봉 등 여러 젊은이들이 '독립' 두 글자 가슴에 품고 몸을 실은 기차이기도 했으며, 이토 히로부미의 볼모로 일본행을 택해야 했던 고종 황제의 아들 영친왕도 경부선 열차를 탔지. 경부선 철도에 얽힌 사연이야 그 철로의 자갈보다도 많겠지만, 그중 하나로 아동문학가 이원수와 그 부인 최순애의 사랑 이야기를 짤막하게 해볼까 해.

이원수는 동요 〈고향의 봄〉을 작사했고, 최순애는 〈오빠 생각〉의 작사자야. 놀랍게도 최순애가 〈오빠 생각〉을 방정환 선생이 펴내던 잡지 《소년》에 투고했던 건 우리 나이로 열두 살이던 1925년이었어. 이원수는 이듬해인 1926년 열여섯의 나이에 〈고향의 봄〉으로 등단했으니 데뷔는 최순애가 빨랐던 셈이지.

이원수는 등단 선배 최순애를 눈여겨보고 있었고 열세 살이 된 동요 작가에게 편지를 보낸단다. 무려 10년 동안 이어진 펜팔 연애가 시작된 거야. 이원수의 고향은 경상남도 함안, 최순애의 집은 경기도 수원이었거든. 이들의 편지는 경부선을 통해 배달됐지. 1920년대 말쯤에는 경부선에 주간 1회, 야간 2회씩 우편열차가 왕복했고 그 우편물 무더기 속에서 둘의 사랑은 영글어갔어. 얼굴 한 번 보지 못한 사이였지만 둘은 서로가 평생 함께할 사람임을 확신하게 됐고, 편지로 결혼까지 약속하는 용기를 과시한다. 그러던 끝에 이원수는 부산으로 가서 경부선을 타고 수원으로 올라오기로 했어.

1980년 문화의 날에 대한민국 문학상을 받은
이원수·최순애 부부. ⓒ 이원수문학관

얼마나 설렜을까. 10년간 채팅만으로 누군가와 대화하고 결혼을 약속하고 마침내 상대를 만난다고 상상해보렴. 둘은 편지로 첩보원 같은 약속도 나누고 있었다고 해. "무슨 색깔의 어떤 옷을 입고 나갈 테니 나인 줄 알아보시오." 최순애는 콩닥거리는 가슴을 부여잡고 수원역에 나가 약속된 옷을 입은 백마 탄 기사를 기다렸지만 그 기사는 나타나지 않았어. 하필이면 그날 이원수가 불온한 독서회를 조직하고 활동했다는 이유로 일본 경찰에 구속됐던 거야.

감옥에 가면서 이원수는 얼마나 가슴이 찢어졌을까. "몇 시 기차를 타야 합니다! 갔다 와서 잡혀가겠습니다." 경찰에게 통사정을 하지는 않았을까. 최순애는 또 어땠을까. "우리 오빠 말 타고 서울 가시며 비단구두 사가지고 오신다더니." 이렇게 노래했던 최순애의 '오빠'는 방정환과 함께 소년운동과 독립운동에 열심이던 최영주였지만, 최순애 본인의 회고에 따르면 이원수가 투옥된 뒤 '오빠'는 이원수로 바뀌었다고 해. "옥에 갇혀 있는 사랑하는 임을 기다리는 노래로 변해, 남몰래 부르며 울었다(《신동아》 2014년 12월호)."

최순애는 뒷동산에 코스모스를 심어놓고 이원수를 기다렸고 출감하자마자 결혼식을 올렸어. 이때 집안의 반대를 가로막고 결혼을 지지했던 건 바로 최순애의 '오빠' 최영주였다는구나. 둘은 결혼식을 올린 후 바로 경남 함안 산골로 내려갔어. 그 역시 경부선을 되짚는 여정이었겠지. 기차 안에서 이원수는 자신이 지었던 동시를 읊으며 갓 결혼한 아내와의 첫 여행을 기념하지 않았을까.

강 건너 산 밑으로
기차가 가네.

멀리 가느다란

연기 뿜고서

언덕 위에 올라선

어린 두 형제

사라지는 연기를 바라봅니다.

언니 태우고 간 기차

말 하나 없이

달이 열 번 둥그러도 안 데려오니

언니 소식 언제나 들어보나요.

오늘도 벌판에는 해가 집니다.

40

경의선—독립운동의 철도, 수수께끼의 인물 황옥

70년 동안 생명력을 박탈당한 경의선은
일본의 침략 루트였지만,
나라 잃은 한국인의 투쟁심이 흐른 물길이기도 했다.
미스터리로 남은 황옥이라는 인물도 빼놓을 수 없다.

우리 역사상 경부선, 경인선에 이은 세 번째 철도는 무엇일까. 그건 경의
선이야. 서울과 신의주를 잇는 총연장 518.5킬로미터의 철도. 경의선 부
설권을 처음 따낸 건 프랑스의 피브릴Fives Lile이라는 회사였어. 피브릴
사는 서울–의주 철도 노선을 세 번이나 답사했지만 정작 공사에 들어가
지는 않았단다. 자본 조달도 여의치 않고 국제정세도 묘하게 돌아갔기 때
문이야.

'칭다오' 맥주라고 들어봤지? 칭다오青島는 중국 산둥반도의 항구야. 독일은 1897년 이 칭다오가 포함된 산둥반도 교주만 일대를 점령하고 독일 태평양함대 기지를 칭다오에 건설했어. 그때 맥주 만드는 기술을 배웠던 중국인들이 생산해온 게 칭다오 맥주다. 독일의 교주만 점령은 지척의 만주에 눈독들이던 러시아를 자극했고, 러시아는 청나라를 압박해 랴오둥반도의 뤼순과 다롄을 조차해 남만주 철도 부설권을 따냈지. 이건 겨울에 얼지 않는 항구와 시베리아 철도의 종착역을 대륙의 끝 한반도에서 확보하려던 러시아의 전략 수정을 의미해. 프랑스 피브릴 사는 러시아의 남하정책에 발맞춰 경의선 부설권을 따낸 것인데, 러시아가 이렇게 되니 세월아 네월아 착공을 미룰 수밖에 없었던 거야. 우여곡절 끝에 경의철도 부설권은 한국에 돌아왔지만 대한제국 정부는 철도를 부설하기 위한 자금과 역량이 모두 딸렸단다. 지지부진하게 진행되던 경의선 건설은 국제정세의 다급한 변화로 급물살을 탔어. 이번에는 일본이었다.

만주와 연결되는 경의선을 일찍부터 탐내던 일본은 러시아와 전쟁을 시작하자마자 군대를 서울에 진입시켜 대한제국의 중립 선언을 무력화했지. 사실상 서울을 점령한 상황에서 일본과 한국은 〈한일의정서〉를 체

일본 군인들이 경의선 공사 현장에 동원돼 일하고 있다.

결하는데 이 조약의 제4조에 이런 내용이 나와. "대일본제국 정부는 전前항의 목적을 성취하기 위하여 군략상 필요한 지점을 정황에 따라 차지하여 이용할 수 있다." 이 '군략상 필요한 지점' 가운데 가장 다급한 것이 경의선 철도였어. 러시아와 전쟁을 하려면 전선으로 병력을 이동시킬 철도가 절실히 필요했으니까. 일본은 경의선 '50년 임대'를 강요한 후 부랴부랴 철도를 놓기 시작한다.

1906년 난공사 지역이었던 청천강 철교가 완성되면서 경의선은 733일 만에 그 모습을 온전히 역사에 드러냈단다. 경의선은 일본의 야욕대로 만주를 향하는 침략 루트이기도 하지만 동시에 나라 잃은 한국인들의 투쟁심이 면면히 흐른 물길이기도 했어. 안동의 명문 양반가였던 석주 이상룡의 가족들이 남부여대男負女戴하여 경의선에 몸을 실었고, 경술국치 직후 한국의 민족운동을 일망타진하기 위해 조작된 '105인 사건'의 희생자들이 줄줄이 엮여 실려온 것도 경의선 철도였지. 3·1항쟁이 가장 먼저 불을 뿜었던 것은 서울―황해도―평안도를 잇는 경의선 라인이었다. 조선총독부에 폭탄을 퍼부었던 의열단원 김익상이 아이를 데리고 여행하는 일본 아주머니와 유창한 일본어로 대화를 나누며 가족인 양 위장하여 일본 경찰의 눈을 피했던 것도 경의선 기차 안이었어.

황옥, 밀정인가 의열단 동지인가

슬프고도 험난한 경의선 역사 속에서 떠오르는 인물로 아빠는 황옥黃鈺이라는 사람을 들 수 있겠다. 황옥은 일본 경찰에 투신하여 경부警部라는 꽤 높은 자리까지 올라간 사람이야. 한때 상하이 임시정부에 파견돼 밀정 활동을 한 베테랑 고등계 형사였지. 그러나 그의 이후 행적은 역사의 미스터리로 남아 있어.

황옥은 1923년 조선총독부 경무국장 마루야마 쓰루키치의 밀명을 받고 한창 의열 투쟁으로 명성이 높던 의열단 내부에 잠입했다. 경찰에서 해고된 실업자 행세를 하며 의열단원 김시현에게 접근했고 황옥과 김시현은 경의선 열차를 타고 만주로 넘어갔지. 여기서 황옥은 의열단장 김원봉을 만났는데 영화 〈밀정〉에서처럼 김원봉에게 감화된 것인지 아니면 밀정 활동의 일환인지 알 수 없지만, 의열단의 일을 돕기로 해. 의열단이 심혈을 기울여 준비한 폭탄 36개, 권총 20정 등을 압록강 근처 안동(현재의 중국 단둥)까지는 어찌어찌 옮겨왔지만 조선으로 넘어오지 못하던 무기들을 자신이 들여오겠다고 나섰던 거야.

1923년 3월 8일 황옥과 김시현은 공산당원이던 《조선일보》 안동지국장 홍종우와 함께 《조선일보》 안동지국 설치 축하연을 벌였어. 일본인 관리들과 신의주경찰서 경부보 최두천까지 참석한 거창한 잔치였지. 그들은 압록강 건너 신의주에서 '2차'를 하기로 하고 강을 건너왔는데, 이때 일본인들은 자동차로 건너왔지만 황옥과 김시현은 신의주 경찰 최두천을 거느리고 인력거를 타고 왔어. 바로 그 인력거에 폭탄이 잔뜩 실려 있

1923년 '황옥 경부 폭탄 사건' 재판에서 황옥(왼쪽)과
김시현이 나란히 앉아 있다.

었지. 국경수비대가 신의주 경찰간부 최두천을 보고 경례를 올려붙일 지경이었으니 작전은 감쪽같았고, 마침내 조선을 뒤흔들 폭탄들은 경의선 열차를 타고 서울로 옮겨지게 돼.

그런데 또 다른 밀정이 이 사실을 일제 당국에 밀고하고 일본 경찰은 황옥과 김시현을 비롯하여 의열단 조직원들을 굴비 엮듯 체포했지. 이 의열단 사건 재판에서 황옥은 자신이 밀정이었다는 사실을 밝힌다. 조선총독부 경무국장 마루야마도 이 사실을 인정했어.

그런데 되레 독립운동가들 중 일부가 그 사실을 강하게 부인하며 황옥은 의열단 동지라고 강력히 주장했지. 황옥과 함께 일했던 김시현이나 일본 황궁에 폭탄을 던졌던 김지섭, 후일 광복회장까지 지낸 유석현 등 쟁쟁한 독립운동가들이 황옥은 밀정이 아니라고 증언했어. 김시현은 폭탄을 들여와 경의선 타고 서울로 오는 과정에서 함께 목숨을 걸었던 황옥을 밀정이라 볼 수 없었을 테고, 황옥의 도움으로 탈출할 수 있었던 김지섭 역시 후일 '황옥 밀정설'을 강력히 부인하는 게 당연했을 거야. 의열단장 김원봉 역시 "의열단원으로 활동하다 불행히 관헌에 체포된 애련한 자"라고 했으니 황옥이 어떤 존재였는지는 영원한 미스터리로 남는다.

한국전쟁 때 납북되면서 그의 비밀은 완전히 역사 속에 묻혀버렸지. 황옥의 딸이 남긴 한마디가 가장 사실에 근접할 것 같구나. "아버지를 아는 모든 사람들은 아버지를 위대한 독립운동가로 인정했다. (그러나) 아버지의 진정한 생각은 하늘과 땅, 그리고 당신만이 알 뿐 아무도 모른다."

경의선은 지난 70년 동안 그 생명력을 박탈당했지. 시베리아와 중국 대륙으로 향하던 기차는 분단 이후 경기도 문산을 넘어서지 못했고, 경의선 철도는 서울의 교외선으로 전락했으니까. 어쩌면 다시 그 철도가 연결되는 날, 우리는 지금껏 잃어버렸고 잊어버렸던 스스로의 역사를 새롭게 그리고 반갑게 마주하게 될지도 모르겠구나. 임진강 다리 건너 개성을 거쳐 평양으로 치닫고, 압록강변 신의주와 마주하게 된다면 우리 가슴과 머리 속에 훤히 떠오를 과거가 어디 한둘이겠니. 그날이 빨리 오기를 빌어보자 꾸나.

41

호남선 — 슬픈 역사의 정점, 서울역 압사 사건

호남선은 해방 당시 호남 인구 3분의 1 이상을
타지로 실어낸 철도였다. 열차 사정은 폭폭했고,
일어나지 말았어야 할 참사도 일어났다.
그 기차에 탔던 사람들은 왜 그런 대접을 받아야 했던 걸까.

경의선 얘기할 때 등장했던 이름으로부터 시작해보자. 프랑스 회사 피브릴Fives Lile. 피브릴 사는 1896년 서울에서 의주까지의 철도 부설권을 따낸 데 이어, 서울과 목포를 연결하는 '경목선' 부설권을 요구해왔어. 이 철도는 조선의 곡창지대인 논산평야와 호남평야를 관통하는 알토란 같은 노선이었지. 조선 정부는 피브릴의 요청을 이번에는 뿌리친단다.

하지만 대한제국 정부는 경목선을 부설할 여력이 없었어. 나라가 포기한 경목선 부설권을 따낸 건 서오순이라는 사람이었어. "1904년 독립협회 회원인 이윤용을 사장, 서오순을 전무로 하는 호남철도주식회사가 설립되었다.……이들은 철도가 국가의 부강과 독립에 긴요한데도 이미 부설된 경인·경부·경원철도가 외국인의 수중에 있는 문제점을 인식했다. 게다가 물산이 풍부한 호남을 관통하는 철도는 이익이 클 것으로 예상되었다(《조선일보》 2010년 1월 2일 자)." 여기서 경목선이 '호남철도'라는 이름을 얻었고 이 노선은 향후로도 '호남선'으로 불리게 돼.

호남철도주식회사는 실제 공사에 들어갔지만 역시 장애물은 일본이었어. "국방상 중대한 기능을 하는 철로 건설을 개인에게 불하함은 곤란하다"라는 등 갖은 핑계로 호남철도 건설을 막아섰던 거야. 호남철도를 주도하던 서오순은 "대한제국 독립의 원인은 호남철도에 있다"라는 혈서까지 써가며 저항했어. 태산은 이미 무너지고 있었고 나라가 통째로 먹히는 마당에 철도의 권리가 온전할 수 없었지.

일본에게는 호남선을 시급히 건설해야 할 절실한 이유가 있었어. 한국 최고의 곡창지대인 호남평야에서 나오는 쌀이었지. 일본은 식민지 조선을 자국의 식량기지로 만들 계획을 세우고 있었거든. 경술국치 후 일본은 호남선 공사에 박차를 가했고, 3년 8개월이라는 시차를 두고 대전과 목포 간 철도 노선이 구간별로 개통되지. 그 끝에 1914년 1월 11일 전북 정읍과 광주 송정리를 잇는 아홉 번째 철도 구간이 준공되면서 '호남선'이라는 이름의 완성된 철도가 역사에 등장한단다.

호남선의 슬픈 역사는 그 이후로도 지속돼. 호남선은 애초에 여객의 수송보다는 쌀 등 화물 수송을 목적으로 건설된 노선이었어. 일본인들이 만주나 중국으로 갈 때 즐겨 이용하던 경부선·경의선에 비해 시설 투자도 훨씬 미비했고 운행 횟수도 적었다고 해. 즉, 일본인들이 경멸을 담아 애기하는 '조센징'들이 주로 타는 기차였다는 얘기지.

경부선이나 경의선에 비해 호남선이 푸대접을 받은 건 운행 초기부터였던 것 같아. "경원선과 호남선은 거의 조선 사람만 타니까 개량도 안하고 친절히 대해주지도 않는다고 조선 사람들의 철도에 대한 불평이 점점 높아가는 모양인데……아무리 지선이라도 경원선과 호남선에 대하여는 학대가 비상하여 똑같은 기차 삯을 내는데 어찌하면 철도 길이 다르냐고 이와 같이 차별을 하는가 하는 생각이 자연히 승객의 마음에 일어난다(《동아일보》 1920년 4월 19일 자)."

전라도 일대에 펼쳐진 호남평야, 나주평야의 곡창지대는 일제의 수탈이 가장 극심하게 자행된 곳이었어. 그 땅뙈기에 식구들 목숨 얹어놓고 살아가던 농민들은 수탈을 견디지 못하고 고향을 떠나 이불 짐 싸들고 타향으로, 만주로 향해야 했어. 호남선은 그 수많은 사람들의 한숨과 눈물, 알 수 없는 목적지에 대한 두려움까지 싣고 달리던 열차란다.

그 역사는 해방이 와도 단절되지 않았어. 산업화 과정에서 절대적으로 소외된 호남 지역 젊은이들은 살아남기 위해서 고향을 떠나 서울로, 타지로 갈 수밖에 없었거든. 〈아침이슬〉의 작곡가 김민기가 만들고 가수 양희은이 불렀던 〈서울로 가는 길〉의 가사를 흥얼거리다 보면 고향 떠나 서울로 서울로 가야 했던 호남선 열차 속 젊은이들의 심경을 100분의 1이라도 짐작할 수 있을지 모르겠구나. "우리 부모 병들어 누우신 지 삼년에/ 뒷산에 약초 뿌리 모두 캐어드렸지/ 나 떠나면 누가 할까/ 병드신 부모 모실까/ 서울로 가는 길이 왜 이리도 멀으냐."

경부선은 112대, 호남선은 28대 운행

물론 이 노래만 보면 이 청년이 경부선을 타는지 호남선을 타고 올라오는지 알 수 없지만 '1970년대부터 전국 광역자치단체의 인구감소 추이를 보면 가장 인구가 크게 감소한 지역은 전북, 전남이 1, 2위를 차지하고 있음'(《전남일보》 2018년 8월 20일 자)이라는 통계를 보면 어림짐작이 되지 않을까. "가장 값싼 노선이라 의자 하나에 세 사람이 조여 앉아야만 했는데, 서울 와서 물건을 해가는 가난한 보따리 장수들이 대부분이고 짐도 많았다"(황석영, 《개밥바라기별》 중)던 호남선 완행열차를 생각해봐도 그렇고 말이다.

호남선은 해방 당시 호남 인구의 3분의 1 내지 절반 가까이를 타지로 실어낸 철도였지. 이 철도가 복선화, 그러니까 일제가 깔았던 호남선 레일 옆에 레일 하나 더 붙이는 데에는 36년 세월이 걸렸어. 호남선 복선화는 2003년 12월에 완성된단다. 그러니 그 열차 사정은 얼마나 '폭폭했겠니'. "호남선 열차 예매소에는 암표상들이 들끓고 있었는데……근본적인 이유는 호남선 열차가 승객 수에 비해 절대적으로 부족하기 때문인 것 같다. 경부선은 상·하행을 합쳐 112대가 운행되고 있는데 호남선은 4분의 1도 안 되는 28대에 불과했다(《한겨레》 1989년 9월 12일 자)."

1960년 1월 28일은 설이었어. 이틀 전인 1월 26일 서울역은 설을 쇠러 고향 가는 사람들로 북새통이었지. 철도청도 대목이었어. 서울에서 밤 10시 50분에 떠나는 호남선 열차의 좌석 판매량은 평소의 세 배였어. 입석표도 동날 만큼 표를 팔아댄 것까지는 좋았는데 그 사람들을 태우려면 당연히 기차를 더 연결해야 했지. 덜컹덜컹 차량들을 부산하게 연결하여 완성한 시간은 불과 출발 5분 전. 이게 무슨 말이냐면, 개찰이 출발 5분 전에 시작됐다는 거야. 4,000명 가까운 사람들이 역무원의 "땅" 신호와 함께 개찰구를 향해 육상 선수처럼 뛰었어.

좌석이 있는 사람이건 없는 사람이건 맹렬하게 달렸다. 좌석이 있다 한들 뒤늦게 탔다가는 좌석 근처에도 가지 못하고 몇 시간을 두 발로 버티는 고문을 당해야 할 판이었어. 호남선의 혼잡함은 역사적으로 유명했다. 엄마 등에 업힌 갓난아기가 만원 열차 안에서 질식사한 적도 있을 정도였지(《경향신문》 1970년 2월 6일 자).

이 필사적인 경주가 진행되던 계단에서 한 명이 크게 비틀거리더니 허우적거리며 넘어졌어. 비극은 그렇게 시작됐다. "악, 악" 비명소리가 나며 사람들이 걸려 넘어졌어. 그 위에 또 다른 사람들이 넘어졌고, 사태를 알아차린 이들도 뒤에서 밀어대는 인파의 무게에 결국 그 위에 엎어졌다. 결국 그중 31명은 영원히 고향에 가지 못했지.

호남선의 역사를 흘낏이나마 돌아보다 보니 아빠는 좀 참담한 느낌의 질문 하나를 던지게 된다. "그 기차는, 그리고 기차에 타는 사람들은 왜 그런 대접을 받아야 했던 걸까." 그리고 노래 가사 하나가 또 눈앞에 빗물처럼 흐르는구나. "죄도 많은 청춘인가 비 나리는 호남선에 떠나가는 열차마다 원수와 같더란다(〈비 나리는 호남선〉 가사)."

1960년 1월 26일 고향으로 가기 위해 목포행 완행열차를
타려던 승객들이 서울역 계단에서 넘어져
31명이 압사하는 사고가 일어났다. ⓒ Newsbank

42

경원선 '기부왕' 이종만

강원도 원산과 서울을 잇는 경원선에
사연을 얹은 숱한 사람들 가운데 이종만이 있었다.
그는 함경도 금광을 매각한 거액으로
농촌을 돕고 빈민을 구제하는 데 애썼다.

1876년 강화도조약으로 개항한 항구는 부산, 인천 그리고 원산이었어.
지금은 북한 땅인 강원도 원산과 서울을 잇는 경원선 건설에 열강은 침을
흘렸지. 경의선을 탐냈던 프랑스에 이어 독일까지 경원선 부설권을 요구
했다고 해. 그러나 대한제국 내장원에 설치된 서북철도국은 1899년 9월,
박기종 등이 설립한 '대한국내철도용달회사'에 경원선 부설권을 주었어.
　부설권을 얻었지만 이 회사는 자본과 기술 모든 것이 달렸지. 이 점을

파고들어 1903년 실질적인 부설권을 장악한 일본은 경원선을 건설하기 시작했어.

러일전쟁이 끝나고 경원선 공사는 한동안 중단되지만 경술국치 후 공사가 재개돼. 1914년 9월 6일 총연장 223.7킬로미터의 경원선이 개통됐어. 험준한 지형 탓에 공사는 만만치 않았단다. 더욱이 경원선이 놓인 길목은 경술국치 뒤 의병 활동이 이어지던 곳이었지. "민간인과 의병들의 저항과 습격이 잦았고 일본인 측량대가 헌병대의 비호 아래에서도 한복으로 위장해서야 측량을 마칠 수 있었다(《한국민족문화대백과사전》)."

어느 철도가 그렇지 않겠느냐마는 경원선 역시 철도변에 사는 이들의 삶을 엄청나게 변화시켰어. 전에 볼 수 없던 새로운 문화 충격을 가져온 거야. 〈신고산 타령〉이라는 함경도 민요가 있어. "신고산新高山이 우루루 함흥차 가는 소리에 구고산舊高山 큰애기 반봇짐만 싸누나"라는 가사로 시작하는 노래야. 여기서 신고산은 산 이름이 아니라 경원선의 종착역인 원산역 근처에 있던 기차역 이름이야. 고산高山이 원래 지명인데 역이 생긴 곳을 신新고산이라 부르고, 원래 마을이 있던 곳은 구舊고산이라 부르게 된 거지.

그런데 왜 '구고산 큰애기'가 반봇짐만 쌌을까? 역이 생기면 마을이 번화해지고 신문물도 직통으로 들어오게 마련이지. 신고산에서 우루루 도시로 가는 기차가 기적을 뿜으면 여전히 부뚜막에서 밥 짓고 길쌈하는 게 일이었을 '큰애기' 마음이 콩닥콩닥하지 않겠니. 이렇듯 〈신고산 타령〉은 철도라는 혁명적 신문물 앞에 당황하고 놀랐던 한국 사람들의 속내를 들추는 민요란다.

경원선이 실어 나른 사람들 가운데 'VVIP급' 승객으로 대한제국의 마지막 황제인 순종이 있었어. 1917년 순종은 경원선을 타고 함경도로 거

둥(임금의 나들이)했거든. 태조 이성계와 그 뒤를 이은 정종 이방과, 그리고 함흥에서 태어난 태종 이방원을 제외하면 조선의 어느 왕도 함경도 땅을 밟아본 적이 없다고 알고 있어. 왕조 개창 후 500년이 지나서야 망해버린 왕조의 임금이 조상의 땅을 찾은 셈이지만 함경도 사람들은 망국의 임금을 열렬히 환영했다고 해.

"행차가 출발하자 비가 왔는데 북도의 백성들은 다투어 살고 있는 집의 띠와 울타리의 나무를 뽑아서 진흙길을 포장하여 승여乘輿가 다니는 것을 편히 하였다. 기뻐하면서 서로 말하기를 '우리 임금이 오셨다'라고 하였다《조선순종실록》》." 조선 왕조의 고향이면서도 500년 내내 차별받았으면서, 나라를 빼앗기자 어느 지역보다 치열하게 항일 투쟁을 전개했던 함경도 사람들. 그들이 순종에게 보냈던 "우리 임금 오셨다"라는 환호가 왠지 뭉클하구나.

이광수, 한용운, 정주영이 탔던 기차

경원선은 금강산선과도 연결돼 금강산 가는 열차로 각광받았어. 경원선으로 철원역까지 간 뒤 전철을 타고 금강산으로 가는 것이 서울과 경기 지역 학생들의 주된 수학여행 코스였대. 당대의 문사였던 이광수와 최남선도 경원선을 타고 유려한 금강산 기행문을 남겼고, "만이천 봉! 무양無恙하냐, 금강산아. 너는 너의 님이 어디서 무엇을 하는지 모르지"라고 노래한 만해 한용운도 경원선 단골 승객 중 하나였지. 아버지 몰래 소 판 돈을 훔쳐 달아난 소년 정주영(전 현대그룹 회장)도 경원선에 올랐고, 소설 《상록수》의 모델이 된 불굴의 조선 여성 최용신도 경원선을 타고 고향인 원산과 서울을 오갔어.

경원선에 사연을 얹은 사람들을 꼽다보니 유난히 큰 이름 하나가 떠오르는구나. 이종만(1885~1977)이라는 사람이야. 그의 고향은 경상도 남쪽 바닷가 울산이지만 갖가지 사업을 하느라 식민지 조선 곳곳을 누볐지. 하는 일마다 실패하고 뒤통수 맞고 탈탈 털리던 그에게 대박을 안겨준 건 함경남도 '영평금광'이었어. 대한제국 시절 운용되긴 했지만 이미 폐광이던 함경남도 정평군 영평금광을 재개발해 노다지를 캤던 거야. 정평은 경원선과 연결된 함경선 라인에 있는 도시였으니 이종만은 "사업 허가를 받는다, 투자자를 끌어들인다" 하며 경원선을 수십 번 왔다 갔다 했을 거야.

그는 여타의 일확천금 부자들과는 달랐어. 영평금광을 막대한 이문을 남기고 매각한 뒤 그 돈을 아주 화끈하게 쏘았지. "이상理想 농촌을 건설할 목적으로 50만원의 거금을 던져서 재단법인 대동농촌사를 창립한 이종만 씨……또 대동농촌사의 토지 경작자에게 수확량의 3할만을 농촌 건설 의무금으로 징수한다는 계획은 조선 사회에 큰 충격을 일으켰다(《동아일보》1937년 9월 16일 자)." 일제강점기에 소작 형태는 명목상 지주와 소

배우 강동원의 외증조부인 이종만.

작인이 수확량을 반씩 나눠 갖는 5대 5 비율이었지만 각종 세금을 소작인에게 전가해 지주와 소작인 몫의 비율이 6대 4 또는 7대 3인 경우가 지천이었어. 이종만은 자신이 세운 농촌 공동체에서 생산량의 3할만 받는다고 선언한 거야.

《동아일보》는 1937년 9월 17일 자 사설에서 "이런 갸륵한 독지가의 토지가 불행히 157만 평에 불과하여 혜택을 입는 소작인이 겨우 연천, 평강, 영흥 3군의 153호에 그치는 것은 매우 섭섭한 일"이라고 격찬을 했어. 연천과 평강은 경원선이 지나고 영흥은 원산에서 출발하는 함경선이 거쳐 가는 곳이야.

"영평금광을 155만원에 팔고 그중에서 50만원의 거액을 조선 농촌 구제 사업에 던진 이종만 씨는, 금상첨화로 12만원의 큰돈을 그 금광 광부, 직원 등의 위로금으로 또는 학교의 기부금, 부근 빈민의 구제금 등으로 한꺼번에 던졌다(《조선일보》 1937년 5월 16일 자)." 통도 크고 차원부터 다른 기업가 이종만. 일제 말기 친일 기부 행위 등으로 《친일인명사전》에도 올라간 그는 해방 후 북한으로 가서 광업상 고문을 지냈단다. 당연히 남녘에서는 그에 대한 기억이 시나브로 사라졌지. 얼마 전 영화배우 강동원의 외증조부가 친일파라고 하여 시끄러웠던 것 기억나니? 그가 바로 이종만이었단다.

경원선은 해방된 조선의 철도 가운데 처음으로 분단의 쓰라림을 맛보기도 했지. 38선까지 바짝 남하한 소련군이 1945년 8월 24일 경원선 통행을 차단하면서 한반도의 분단이 시작됐으니까. 그로부터 경원선은 반쪽짜리 철도, "철마는 달리고 싶은" 길로 남아 있어. 농촌 공동체에 50만 원을 쏟아 부은 뒤 "이게 나 혼자 번 돈인가"라고 외치며 광부들에게 엄청난 돈을 쾌척해 광산촌 전체를 환호의 바다에 빠뜨린 호쾌한 기업가 이종만은 이렇게 말하면서 혀를 차지 않을까. "언제까지 그러고 살 건가. 경원선 타고 원산 가서 함경선 갈아타고 두만강까지 가면 볼 것이 얼마나 많고 할 일이 또 얼만데."

강원도 철원군 월정리역에 '철마는 달리고 싶다'라는
표지판이 서 있다. ⓒ 시사IN 이명익

43
중앙선—석탄열차와 석주 이상룡

중앙선 일대는 지하자원이 가장 풍부한 곳이다.
청량리역에선 지금이라면
상상하기 어려운 일이 벌어지기도 했다.
철도 건설로 인해 독립운동가의 고택이 헐려나가기도 했다.

1970년대, 특히 유신시대는 택시 승객이 술김에 박정희 대통령 욕 몇 마디 했다가 바로 파출소로 '배달'되고 여차하면 징역 몇 년을 받을 수도 있는 암울한 시기였어. 그 갑갑한 시절 최인호 작가가 작사하고 가수 송창식이 부른 〈고래사냥〉은 요즘 말로 '사이다' 이상의 청량제였어. "자 떠나자, 동해 바다로/ 삼등 삼등 완행열차 기차를 타고/ 신화처럼 숨을 쉬는 고래 잡으러."

서울에서 이 '동해 바다'에 가려면 어느 노선의 완행열차를 타야 했을까? 그 시작은 일단 서울의 동쪽, 청량리역 그리고 노선은 중앙선 철도였어. 동해 바다로 가는 완행열차는 중앙선을 타고 경북 영주에 도달한 뒤, 영동선으로 방향을 전환해 태백산맥을 뚫고 동해안으로 나갔으니까. 1970년대의 여름, 청량리역 앞과 중앙선 완행열차 안에서는 〈고래사냥〉을 부르며 열광하는 청춘들이 부지기수였다. 그러다가 열차 공안원이나 경찰관에게 붙잡혀 곤욕을 치르기도 했고 말이야.

1931년 만주사변을 일으키고 대륙 침략 야욕을 불태우던 일제는 더 많은 자원과 더 편리한 교통이 필요했지. 일제는 중앙선 건설 목적을 이렇게 밝혔어. "반도 제2의 종관縱貫선을 형성함으로써 경상북도·충청북도·강원도·경기도 등 4도에 걸치는 오지 연선 일대의 풍부한 광산·농산 및 임산자원의 개발을 돕고,······격증하는 일본·조선·만주의 교통 연락, 객·화의 수송 완화를 도모하고자 한다《한국민족문화대백과사전》》." 그리고 1942년 중앙선 전 구간이 개통되었어.

중앙선 일대는 우리나라에서 지하자원이 가장 풍부한 곳이야. 지금도 화물 수송량이 철도선 가운데 가장 많아. 강원도의 석탄, 충북의 시멘트 등이 수십 년 동안 화물열차에 실려 중앙선을 타고 서울 청량리역으로 들

중앙선 완행열차가 안동역을 향해 들어오는 모습.
ⓒ 경북기록문화연구원

어왔어. 나라 전체가 가난하던 시절, 청량리역 주변에서는 지금이라면 상상하기 어려운 일이 벌어지기도 했단다.

1960년 10월 26일 자 《경향신문》이 묘사한 청량리역 풍경이야. "땅에 떨어진 사탕에 개미 꾀듯이 수백 명이 달라붙어 캐낸 탄은 또 그 위에서 대기 중인 수백 명의 아주머니들의 푸대자루로 들어가고 밀거래는 순식간에 끝난다." 밤 11시께 석탄을 가득 실은 열차가 청량리역에 들어오면 한 손에는 부삽, 한 손에는 쇠갈퀴를 든 청년 수십 명이 나타났어. 그들은 열차가 속도를 늦추면 일제히 달려들어서는 쇠갈퀴를 휘둘러 열차 옆문을 따고 탄을 퍼갔지.

그렇게 없어지는 석탄이 연간 1만 톤쯤 됐다고 해. 경비원이라고 해야 두세 명. 괜히 호루라기 불고 달려들었다가는 되레 몰매를 맞기 십상이었을 거야. 작심하고 경비를 보던 청량리경찰서 형사가 총을 쏘기도 했지만 석탄 도둑들은 돌팔매로 맞서며 물러서지 않았다는구나.

51명 사망한 대강터널 사고

보다 못한 당국은 철로 변에 장벽을 쌓아버렸어. 효과는 탁월했지만 곧 또 다른 문제가 발생했단다. 석탄 도둑으로 끼니를 잇던 주민들이 굶어 죽게 생겼다며 아우성을 친 거야. "이들 도탄배盜炭輩 세대는 약 400가구로 추산된다고 경찰은 말하고 있다. 그래서 도둑질을 못하게 된 사람들이 하는 수 없이 경찰에 석탄을 훔치지 못할 바에야 취직 알선을 요구했다 《경향신문》 1960년 12월 22일 자)." 이에 석탄공사 청량리출장소장, 청량리경찰서장, 청량리역장 등이 모여 대책회의를 열었다니. 참 우습고도 서글픈 우리 역사의 숨은 그림이라고나 할까.

중앙선은 남한강을 타고 달리다가 백두대간을 뚫고 충청도와 경상도를 가로지르는 노선이야. 경치가 좋아 요즘은 관광열차로 많이 이용되고 있지. 그만큼 험준한 기찻길이기도 했어. 충북 단양과 경북 영주 사이 고개인 죽령 북쪽에는 똬리굴로 된 대강터널이 있어. 똬리굴(루프식 터널)은 경사가 심한 산악 지형에 철도를 놓을 때 열차가 미끄러지지 않도록 선로를 빙 돌려 경사로를 완만하게 만든 터널을 뜻해. 그런데 1949년 8월 18일 서울발 안동행 열차가 이 대강터널을 통과하다가 원인 모를 사고로 멈춰 서버렸어. 증기기관차는 석탄을 있는 대로 때면서 전·후진을 반복했고 그 와중에 발생한 유독가스는 승객들의 숨을 막아버리고 말았지.

51명의 목숨을 앗아간 대참사였어. 이 참사를 처음 발견하고 남은 승객들을 구하는 데 크게 기여한 철도원 이필종씨는 뜻밖의 봉변을 당했단다. "경찰관들이 곧 나를 찾더니⋯⋯철도국원은 모두가 빨갱이라고 떠들어대더니 구원 작업에 여념이 없는 나를 처소 뜰로 끌고 가서는 구타를 하기 시작하더군요. 치고 밟고, 수없는 구타를 당했죠《레디앙》 2017년 5월 11일)." 분단의 벽이 살기를 더해가던 시절이 낳은, 어이없는 해프닝이었지.

힘겹게 죽령을 넘어온 중앙선은 경북 안동을 지나면서 어느 위풍당당한 아흔아홉 칸 기와집을 가로지르게 돼. 그래서 이 집의 반절가량이 헐려나갔지. 이 집은 고성 이 씨 종택인 '임청각臨淸閣'이야. 대한민국 임시정부 국무령을 지낸 석주 이상룡 선생이 나고 자란 곳이란다. 일제가 그 집터의 정기를 누르기 위해 중앙선을 놓았다는 말은 좀 억지스럽지만 수백 년 고택에 대해 심각하게 무례했던 건 사실이다. "해방되기 전까지는 절대 돌아가지 않겠다"라고 불퇴전의 의지로 싸우던 독립운동가의 집이었으니 일제로서는 예의를 차릴 의지가 전혀 없었겠지만.

석주 이상룡의 유해는 망명한 지 79년, 돌아가시고 58년 뒤인 1990년 9월 13일 김포공항을 통해 고국에 돌아왔어. 독립운동단체 통의부 간부였던 박위승 옹(당시 91세)은 노구를 이끌고 독립운동가의 때늦은 귀환을 맞았다. 대형 태극기로 석주 이상룡의 영정을 감싸던 박옹은 갑자기 쩌렁쩌렁하게 외쳤지. "80년 만에 돌아오는 석주 선생을 위해 만세를 부릅시다." 만세를 부르던 사람들은 다들 눈시울이 붉어졌다고 해. 하늘 저편에서 석주 선생도 너털웃음을 터뜨리지 않았을까. "그래, 나 돌아왔다." 다시 찾은 조국에서 혼백이나마 중앙선 철도를 타고 고향 땅에 이르렀다면 어찌 이런 일이 있을 수 있느냐 허탈해하셨겠지만.

철도 이야기를 들려주면서 아빠는 여러 차례 상념에 젖었다. 참으로 많은 이야기들이 철로변 자갈처럼 널려 있었고, 역사적 순간들이 차창 밖 풍경처럼 생생하게 눈앞을 스치고 지나갔으니까. 역사는 끝없는 레일 위를 달리는 기차 같은 것이라는 생각이 든다. 아빠는 저 임진각에, 그리고 경원선 월정리에 서 있는 "달리고 싶은 철마"들이 평양에 닿고, 신의주에 가고, 두만강에 이르게 만드는 것, 그게 우리가 칙칙폭폭 달려야 할 '역사의 기차'가 아닌가 해. 조만간 너와 함께 가슴 설레는 기차 여행을 떠날 수 있기를 꿈꿔 본다.

일제가 중앙선을 내면서 이상룡 선생 생가인 임청각(99칸)을
파괴해 지금은 50여 칸만 남아 있다.

딸에게
들려주는
한국사
인물전 1

1부 우리가 된 이방인

2부 전쟁 속 한국인

3부 국회의원 열전

4부 한국사의 미스터 법法맨들

딸에게 들려주는 한국사 인물전 2

- ⊙ 2019년 5월 29일 초판 1쇄 인쇄
- ⊙ 2019년 6월 9일 초판 1쇄 발행
- ⊙ 지은이　　　　김형민
- ⊙ 펴낸이　　　　박혜숙
- ⊙ 펴낸곳　　　　도서출판 푸른역사
　　　　　　　　　우) 03044 서울시 종로구 자하문로8길 13
　　　　　　　　　전화: 02)720-8921(편집부) 02)720-8920(영업부)
　　　　　　　　　팩스: 02)720-9887
　　　　　　　　　전자우편: 2013history@naver.com
　　　　　　　　　등록: 1997년 2월 14일 제13-483호

ISBN　979-11-5612-144-2　04900
ISBN　979-11-5612-142-8　04900 (SET)

·잘못 만들어진 책은 교환해드립니다.